ENCYCLOPEDIA BROWN #8: Take the case by Donald J. Sobol

Copyright ⓒ Donald J. Sobol, 1971
All rights reserved.
This Korean edition was published by Sallim Publishing Co., Ltd.
in 2011 by arrangement with Donald J. Sobol co McIntosh and Otis,
Inc., New York through KCC(Korea Copyright Center Inc.), Seoul.

이 책의 한국어판 저작권은 ㈜한국저작권센터(KCC)를 통한 저작권자와의 독점 계약으로
㈜살림출판사에 있습니다.
저작권법에 의해 한국 내에서 보호를 받는 저작물이므로 무단 전재와 복제를 금합니다.

도널드 제이 소볼 지음 박기종 그림 이정아 옮김
신나는 과학을 만드는 사람들 솔루션 집필 및 감수

살림어린이

추천의 글

　과학은 재미있고 즐거운 공부입니다. 하지만 보통 과학은 어렵고 지루하다고 느끼는 경우가 대부분입니다. 그렇다면 좀 더 재미있고 즐겁게 과학을 알 수 있는 방법은 무엇일까요? 바로 우리 주변에서 일어나는 일들을 주의 깊게 관찰하여 차근차근 과학에 접근하는 것입니다.

　과학탐정 브라운은 주변에서 일어나는 사건들을 해결하는 과정을 통해 재미있는 방식으로 과학을 이해합니다. 소년 탐정이 사건을 하나씩 해결하는 과정을 따라가다 보면 어느새 과학의 즐거움을 느낄 수 있을 것입니다.

　뿐만 아니라 과학 솔루션에서 사건과 관련된 과학 원리를 설명해 주어서 과학을 좀 더 쉽게 이해할 수 있습니다.

　과학 솔루션은 초등 교과 과정과 연관된 물리, 화학, 생물, 지구 과학을 다양하게 접할 수 있도록 구성하였습니다. 이러한 과학 원리의 기초를 잘 익혀 두면 중·고등학교에 진학해서도 과학을 쉽게 공부하는 데 큰 도움이 될 것입니다.

지금부터 여러분은 과학탐정이 되어서 생각하고 행동해 보세요. "과연 왜 그럴까?" 하는 호기심을 가지고 출발하면 됩니다. 이 호기심들을 논리적으로 풀어 나가다 보면 어느새 사건을 해결하는 동시에 과학적인 사고도 쑥쑥 커져 있을 것입니다.

자, 이제 과학을 재미있게 경험할 준비가 되었나요? 과학탐정 브라운이 되어서 사건 속에 숨어 있는 과학을 찾아 나서 봅시다.

신나는 **과**학을 만드는 사**람**들

등장인물

르로이 브라운

한 번 읽은 것은 모두 기억하여 '인사이클로피디아'라 불림.
타고난 추리력으로 사설탐정소를 운영하고 있다.

브라운 경찰서장

아이다빌 시의 경찰서장이자 브라운의 아버지.
잘난 아들 덕에 범죄 해결은 만사 OK!

샐리 킴볼

미모와 지혜와 운동 신경을 모두 갖춘 여학생.
브라운의 사설탐정소 동업자이자 보디가드로 활약한다.

벅스 미니

말썽쟁이 소년 집단 호랑이 패의 우두머리.
브라운과 샐리를 미워하고 복수를 꿈꾸기도 한다.

차례

- 납치당한 웨어 대사 — 8
- 용연향의 진짜 주인을 밝혀라! — 22
- 추락한 잠수함을 지켜라! — 34
- 사라진 돈을 찾아라! — 46
- 수상한 은하계 모형 사업 — 58
- 깡통 꽃병의 진실 — 70
- 도둑으로 몰린 솔 아저씨 — 82
- 사과 사이다로 밝혀진 범인 — 96
- 감쪽같이 사라진 2달러 — 110
- 도끼를 망가뜨린 진짜 이유 — 122

납치당한 웨어 대사

아이다빌 시 로버 거리에는 하얀 울타리를 두른 붉은 벽돌 집이 하나 있어요. 바로 브라운 씨 집이지요.

브라운 가족의 저녁 시간은 다른 집과 조금 달랐어요. 저녁을 먹는 동안 아들 인사이클로피디아가 골치 아픈 사건들을 해결했거든요.

브라운 씨는 아이다빌 시의 경찰서장이에요. 사람들은 아이다빌 시의 경찰서장이 이 세상에서 가장 똑똑하다고 생각했어요. 유능한 경찰 배후에 이렇게 어린 소년이 있을 것이라고는 아무도 짐작하지 못했지요.

브라운 경찰서장은 어려운 사건이 생기면 집으로 와야 했어요. 바로 인사이클로피디아의 도움을 받기 위해서지요. 인사이클로피디아가 비밀리에 아빠를 돕기 시작한 이후로 아이다빌 시의 범죄자들은 체포를 피할 수 없었고, 아이들조차 법을 어기고는 빠져나갈 수 없었어요.

브라운 경찰서장은 아들이 사건을 해결할 때마다 어린이 공로상을 주고 싶었지만 그럴 수 없었어요. 아이다빌 시 범죄 소탕 작전의 숨은 주인공이 열 살짜리 아이라는 걸 누가 믿어 주겠어요?

브라운 경찰서장은 아들에게 얻은 조언에 대해 입도 벙긋하지 않았어요. 물론 인사이클로피디아 역시 비밀을 잘 지켰지요. 또래의 다른 아이들과 다르게 보이고 싶지 않았거든요.

부모님과 학교 선생님들은 인사이클로피디아를 '르로이'라고 불렀어요. 그러나 다른 사람들은 모두 인사이클로피디아라고 불렀어요.

인사이클로피디아는 온갖 종류의 지식이 들어 있는 백과사전을 일컫는 말이에요. 인사이클로피디아의 머릿속에도 온갖 종류의 지식이 들어 있지요.

인사이클로피디아는 아이다빌 시의 그 어느 누구보다도 책을 많이 읽었답니다. 친구들은 그런 인사이클로피디아를 두고 물구나무를 서면 그 머리에서 책꽂이들이 넘어지는 소리가 날 것 같다고 놀려 댔어요.

어느 날 저녁, 브라운 경찰서장은 인사이클로피아도 해결할 수 없는 골치 아픈 사건을 가져왔어요.

브라운 경찰서장이 어렵게 말문을 열었어요.

"정보가 하나도 없단다."

브라운 부인이 안도의 숨을 쉬며 말했어요.

"그러면 그렇죠. 정보가 없는데 르로이가 어떻게 돕겠어요? 도대체 어떤 사건이에요?"

"중남미에서 일하는 외교관 중 한 명이 납치를 당했다는구려. 내가 아는 건 그게 다요. 국무부에서 사건 현장에 와 줄 것을 요청했소."

인사이클로피디아가 말했어요.

"일급비밀 사건처럼 들리는데요. 아, 따라갈 수 있으면 얼마나 좋을까!"

브라운 경찰서장이 말했어요.

"그건 걱정하지 마렴. 국무부에서는 가족 여행을 하는 것처럼 오라더구나. 그러니까, 우리 세 식구 모두 갈 수 있단다."

다음 날 아침, 인사이클로피디아는 아이다빌 시를 하늘에서 내려다보았어요. 하늘에서 본 아이다빌 시는 부유한 사람과 가난한 사람의 집을 구별할 수 없었어요. 교회와 학교, 은행과 가게들도 모두 마찬가지였어요.

비행기는 순식간에 멕시코 만 상공에 다다랐어요. 인사이클로피디아는 가방에서 『척추동물 고생물학』을 꺼내 읽기 시작했어요. 인사이클로피디아가 마지막 장을 넘길 때, 비행기가 착륙했어요.

공항에는 검은색 양복을 입은 남자가 브라운 경찰서장의 가족을 기다리고 있었어요. 호텔에서 마중 나온 거라고 말한 그 남자는 짐을 빨간색 자동차 트렁크에 실었어요.

차에 시동을 건 남자가 자기소개를 했어요. 이름은 '리코'고, 경찰관이라고요.

리코 경찰관이 차분하게 말했어요.

"납치된 분은 귀국의 웨어 대사입니다. 지금 그분 집으로 가고 있습니다."

리코 경찰관은 웨어 대사 집으로 가는 동안 브라운 경찰서

장에게 지금까지 조사한 정보를 알려 주었어요.

리코 경찰관은 웨어 대사가 일주일간 스키 여행을 왔다고 했어요. 산에 있는 호텔에 머물던 웨어 대사는 이틀 전 호텔로 가던 도중 납치되었고요. 웨어 대사의 자동차는 호텔에서 2마일이나 떨어진 눈밭에서 발견되었대요.

리코 경찰관이 말했어요.

"웨어 대사는 수상 스키 챔피언입니다. 하지만 설상 스키는 한 번도 타본 적이 없다고 하셨습니다. 그래서 이번 스키 여행에 대한 기대가 높았습니다."

브라운 경찰서장이 물었어요.

"웨어 대사가 그 호텔에 머물렀던 적이 있나요?"

리코 경찰관이 대답했어요.

"아니요, 머무르는 곳도 부인에게만 알리셨어요. 호텔 예약도 다른 사람의 이름으로 하셨습니다."

브라운 경찰서장이 물었어요.

"왜 그랬을까요?"

리코 수사관이 말했어요.

"안전 때문인 것 같습니다. 요즘 해외 근무가 많이 위험해졌으니까요. 최근 반정부 단체에서 외교관들을 납치하는 사건이 있었거든요."

브라운 경찰서장이 물었어요.

"웨어 대사의 몸값으로 얼마를 요구하나요?"

리코 경찰관이 말했어요.

"납치범들은 몸값 대신 동료들의 석방을 요구하고 있습니다. 그것도 반정부 행동으로 감옥에 수감 중인 사십 명을 말이에요."

화가 난 브라운 경찰서장이 소리쳤어요.

"저런! 죄 없는 사람을 납치해서는 범죄자들을 석방하라니!"

리코 경찰관이 또 다른 사실을 말했어요.

"납치되던 날 밤, 웨어 대사는 자신의 생일 파티를 열었어요. 여섯 명의 친구들이 파티에 초대되었는데, 모두들 선물을 들고 8시에 도착했답니다. 그런데 파티장에 음식이 준비되어 있고 서빙하는 사람도 있는데 정작 웨어 대사는 보이질 않았대요. 웨어 대사는 자신의 생일 파티에 온 손님들에게 쪽지를 하나 남겼는데, 일이 있어 먼저 떠나니 자기가 없더라도 파티를 맘껏 즐기라고 했대요."

브라운 경찰서장이 물었어요.

"자신의 생일 파티인데 참석 못할 일이라도 있었나요?"

리코 경찰관이 말했어요.

"그날 밤, 심한 눈보라가 있을 거라는 일기 예보가 있었어요. 웨어 대사는 파티가 끝난 후 호텔에 가게 되면 폭설로 길이 막힐 거라고 생각한 것 같습니다. 그래서 눈보라가 몰아치기 전에 그 자리를 떠난 것 같습니다."

자동차는 웨어 대사가 살고 있는 커다란 집 앞에 멈춰 섰어요. 리코 경찰관이 차 앞문을 열어 주었어요. 거실 소파에는 웨어 대사의 생일 선물 여섯 개가 있었어요.

리코 경찰관이 말했어요.

"포장된 선물은 제가 다 끌러 보았습니다. 단서가 있을지도 모른다고 생각했거든요. 하지만 단서 같은 건 없었습니다."

인사이클로피디아와 브라운 경찰서장은 선물들을 찬찬히 살펴보았어요. 선물마다 선물한 사람의 이름이 적힌 카드가 있었어요.

빌 왓슨은 수중총, 해리 스미스는 설상 스키를 손질할 때 사용하는 왁스, 댄 퍼스크는 안면 보호 마스크, 커트 하퍼는 산소 탱크, 마티 벤튼은 수상용 스키, 에드 퍼지스는 잠수복을 선물했어요.

리코 경찰관이 말했어요.

"부인 말로는 웨어 대사가 스키 여행을 간다는 사실을 다른 사람에게 알리지 않았답니다."

브라운 경찰서장이 말했어요.

"웨어 대사는 자존심이 강한 분 같군요. 무엇이든 능숙하게 잘할 때까지 누구에게도 자신의 서투른 모습을 보여 주길 싫어하니까요."

리코 경찰관이 맞장구를 쳤어요.

"맞습니다. 웨어 대사는 수상 스키 챔피언이지만 어설프게 설상 스키 타는 모습을 보여 주기 싫었던 것 같습니다. 그래서 이번 여행을 비밀로 한 거겠죠."

브라운 경찰서장이 말했어요.

"부인 말고도 누군가에게 분명 얘기를 했을 겁니다. 그 사람이 납치범들과 한패일 가능성이 있어요."

리코 경찰관이 고개를 끄덕이며 말했어요.

"그런데 그 사람이 누구일까요?"

브라운 경찰서장이 아들을 바라보았어요. 인사이클로피디아가 소곤거리는 소리로 말했어요.

"그 사람은……."

인사이클로피디아가 지목한 범인은 누구였을까요?

◐ 21쪽에 해결이 있어요.

과 학 솔 루 션

스키를 타는 눈에 숨겨진 원리는 무엇인가요?

눈 속에 숨겨진 과학

리코 경찰관은 웨어 대사가 일주일 간 스키 여행을 왔다고 했어요.

　눈이 내리는 과정은 구름 속의 작은 물방울들이 모여서 내리는 과정에서 응결하여 내리는 것이 가장 일반적입니다. 하지만 이렇게 자연적으로 내리는 눈이 부족하여 인공적으로 눈을 만드는 경우가 있는데, 가장 대표적인 곳이 스키장입니다.

　눈이 오면 땅에 그대로 소복이 쌓이는데, 이때 여러 가지 일이 일어납니다. 가장 대표적인 것이 지면의 마찰력을 감소시키는 것이지요. 먼저 눈은 바닥의 거친 면을 채워서 매끄러운 면으로 만들어 마찰력을 작게 만듭니다.

　또한 쌓인 눈이 눌리거나 마찰을 가하면 압력과 마찰열에 의해 일부가 녹게 됩니다. 이렇게 녹은 눈은 그 위에 물 층을 만들어 마찰력을 더욱 작게 만들어 쉽게 미끄러지게 되지요. 따라서 눈이 많이 내리면 사람들이

● 관련 과학 교과 3학년 1학기 4단원 – 날씨와 우리 생활 / 4학년 1학기 4단원 – 모습을 바꾸는 물

나 자동차가 미끄러져서 다치거나 사고가 일어나기도 합니다. 우리가 보통 길을 걸을 때나 자동차가 도로를 달릴 때는 지면과의 마찰이 있어야 미끄러지지 않고 앞으로 갈 수 있지요. 그런데

눈이 쌓였을 때는 지면의 마찰력이 줄어들게 되므로 제대로 걸을 수 없고 자동차의 바퀴도 달릴 때 문제를 일으키게 되지요.

하지만 눈이 주는 것으로 나쁜 것만 있는 것이 아니라 좋은 것도 있습니다. 그것은 바로 눈 위에서 즐길 수 있는 스포츠인 스키나 보드가 있다는 것입니다. 이러한 스포츠는 만약 눈이 없다면 할 수 없는 것이지요. 이 스포츠가 가능한 것은 앞에서와는 반대로 오히려 눈에 의해 마찰력이 줄어들기 때문에 가능한 것입니다. 즉, 눈에 의해 마찰력이 줄어들기 때문에 스키나 보드가 잘 미끄러질 수 있는 것이지요. 또 스키나 보드를 타다가 방향을 바꾸는 것도 마찰력의 원리가 적용된 것이랍니다.

이처럼 겨울에 내리는 눈은 좋은 점과 나쁜 점을 동시에 가지고 있습니다. 서로 같은 과학적인 원리가 적용되지만 반대의 성질을 나타내는 것이지요. 따라서 우리

19

과학 솔루션

는 이러한 눈을 더욱 효과적으로 이용할 수 있는 다양한 방안을 마련해야 합니다. 그것이 바로 눈에 의한 피해를 줄일 수 있는 방법이 될 것이기 때문입니다.

사건을 해결하는 데 도움을 준 과학 지식은 무엇일까?

눈으로 볼 때 눈에서 타는 스키와 물에서 타는 스키는 같아 보입니다. 하지만 다른 점이 있습니다. 바로 눈에서 타는 스키의 경우에는 스키를 손질하기 위해 왁스를 사용한다는 것입니다. 웨어 대사가 받은 생일 선물은 모두 수상 스키와 관련된 것이었습니다. 그런데 단 하나만 눈에서 타는 스키에 필요한 선물이었습니다. 결국 해리 스미스는 웨어 대사를 납치한 납치범들 중 한 명이라는 것을 알 수 있지요.

정답

스키를 타기에 좋은 눈은 자연 눈이 아니라 인공 눈입니다. 인공 눈 결정은 자연 눈 결정과 달리 육각 방패형으로 결정 사이가 빈 공간 없이 빽빽합니다. 그래서 스키가 눈 속으로 잘 빠지지 않습니다. 또 모서리가 뾰족하고 단단하여 눈과 맞닿는 스키면 사이의 마찰력이 커집니다. 스키는 눈과의 마찰에 의해 마찰열로 바닥 면의 눈을 살짝 녹이고, 녹은 물로 인해 표면이 매끄러워 마찰력이 줄어 잘 미끄러지는 것을 이용한 스포츠입니다. 따라서 스키를 타기에 좋은 눈은 인공 눈입니다.

납치당한 웨어 대사 편

　납치된 웨어 대사는 수상 스키 챔피언이었지만 설상 스키를 배운다는 것을 누구에게도 알리고 싶지 않았다. 그래서 두 사람, 즉 부인과 해리 스미스에게만 그 사실을 이야기했다. 해리 스미스는 웨어 대사가 생일 파티에 초대한 여섯 명의 친구들 중 한 사람이었고, 웨어 대사의 생일 선물로 설상 스키에 사용할 수 있는 스키 손질용 왁스를 준비했다.

　경찰은 곧바로 해리 스미스를 체포했다. 꼬리를 잡힌 그는 웨어 대사가 붙들려 있는 곳을 말했고, 웨어 대사는 다친 데 없이 무사히 구출되었다.

용연향의 진짜 주인을 밝혀라!

인사이클로피디아는 저녁을 먹는 동안 아빠의 골치 아픈 사건들을 해결했어요. 여름에는 친구들의 사건도 해결했지요. 학교가 방학을 하면 사설탐정소는 차고로 옮겨졌지요. 매일

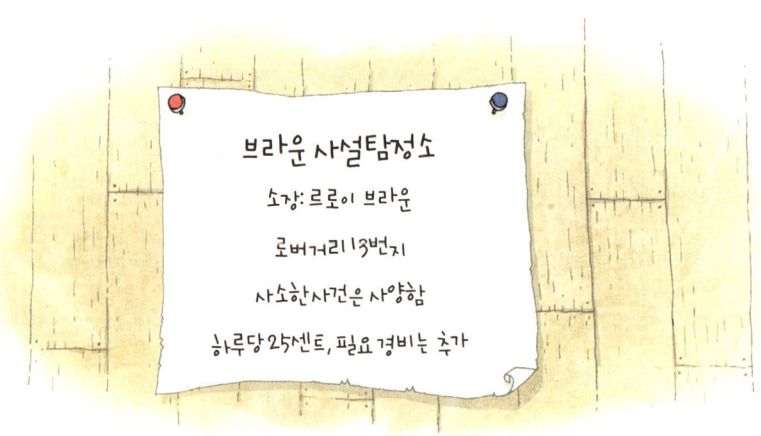

아침이면 차고 밖에 다음과 같은 안내판이 내걸렸어요.

어느 날, 개코 넬리가 브라운 사설탐정소로 허둥지둥 뛰어들어왔어요. 아홉 살밖에 안 되었지만 이미 대학 등록금을 마련해 둔 여자아이예요. 그것도 혼자서 말이에요.

작년 이맘때 일이에요. 시청 안에 있던 넬리는 건물 안에 가스가 샌다는 걸 알아챘어요. 그때 넬리 곁에 있던 반즈 시장은 담뱃불을 붙이려고 했고, 넬리는 시청 안에 가스가 새고 있다고 알렸어요. 덕분에 시청은 큰 화재 사건을 피할 수 있었지요.

그 보답으로 시 의회에서는 넬리가 대학을 진학해서 마칠 때까지 학비 전액을 책임지기로 했어요. 그 일이 있은 후부터 넬리는 '개코 넬리'라고 별명을 갖게 되었어요.

그 후에도 넬리는 가스가 새는 걸 곧잘 알아챘어요. 넬리의 코는 비가 오나 눈이 오나 잘 맡았거든요. 심지어 세 블록이나 떨어진 곳에서도 마시멜로가 타는 냄새를 맡는걸요. 어쩌면 개보다도 냄새를 잘 맡는지도 몰라요.

넬리가 입을 가리고 말했어요.

"용연향(향유고래에서 얻는 향유의 원료)이야."

인사이클로피디아는 책에서 용연향에 대해 읽은 적이 있었어요. 용연향은 향유고래의 소화 기관에서 생겨나는 이물질이에요. 향수를 만들 때 사용되는 용연향은 바다에 둥둥 떠다니다가 해안가로 밀려와 발견되지요.

넬리가 숨 막히는 소리로 말했어요.

"거기 그렇게 가만히 앉아 있지 말고 박하유 병 좀 가져와!"

자리에서 벌떡 일어난 인사이클로피디아는 넬리가 시키는 대로 박하유를 가져다줬어요. 박하유를 넬리의 코 밑에 들이대자 넬리가 숨을 깊게 들이마셨어요.

넬리가 안도의 숨을 쉬며 말했어요.

"고마워. 코가 뻥 뚫리는 덴 역시 박하유야."

"코가 왜 막혔는데?"

"용연향 근처에 있어 본 적 있어? 스컹크가 뿜어 대는 가스 냄새보다도 더 지독해."

넬리가 휘발유 통에 25센트를 올려놓으며 말했어요.

"내 용연향을 되찾아 줘. 벅스 미니가 훔쳐 갔어."

인사이클로피디아가 말했어요.

"벅스는 틈만 나면 남의 물건에 손을 댄다니까."

벅스 미니는 말썽꾸러기 상급생들이 만든 '호랑이들'이라는 클럽의 대장이지요. 사설탐정소가 문을 연 이후 벅스의 말썽으로 곤란해진 아이들이 시도때도 없이 인사이클로피디아를 찾아오곤 했어요.

인사이클로피디아가 말했어요.

"가서 벅스랑 이야기해 보자."

7번 버스를 타고 가는 동안 넬리는 용연향을 어떻게 발견했는지 얘기해 줬어요. 오늘 아침, 등대 부근에서 대합조개 냄새를 맡고 있던 넬리는 해변가로 용연향 덩어리가 떠밀려온 것을 보았대요.

넬리가 말했어요.

"스킨 다이빙을 하고 있던 벅스와 호랑이 클럽 패거리들에게 용연향을 집으로 날라 달라고 부탁했어."

호랑이 클럽은 넬리를 비웃으며 꼼짝을 안 했대요. 그래서 넬리는 사실대로 말할 수밖에 없었대요. 뉴욕 시에서 온 일행에게 용연향을 1온스당 5달러에 팔기로 했다고 말이지요.

넬리가 말했어요.

"발견한 것은 거의 50파운드(1파운드는 16온스임)쯤 되어 보였어."

깜짝 놀란 인사이클로피디아가 휘파람 소리를 낸 뒤 머릿속으로 용연향의 가격을 계산해 보았어요. 16곱하기 50곱하기 5는? 4천 달러!

인사이클로피아는 큰 목소리로 말했어요.

"그 돈이면 차도 사겠는걸!"

넬리가 말했어요.

"벅스도 같은 말을 했어. 벅스가 용연향 덩어리의 값어치를 듣더니 나한테 묻더군. 스포츠카가 자신한테 잘 어울리겠냐고……. 그러더니 나보고 꺼지라는 거야."

버스가 종점에 멈춰 섰어요. 버스에서 내린 둘은 해변을 따라 한참을 걸었어요.

1마일 정도 걸었을 때 넬리가 짧은 비명을 지르며 손가락으로 코를 감쌌어요. 인사이클로피디아도 넬리를 따라 코를 막았어요.

조금 더 걸어 모퉁이를 돌자 등대 부근에 있는 호랑이 패거리들이 보였어요. 그들은 해변에서 꼼짝 못하게 된 보트들 마냥 모래 위에 벌러덩 누워 코를 움켜잡은 채 끙끙거리고 있었

어요.

용연향 덩어리는 모래밭 위에 놓여 있었는데, 마치 진회색의 왁스 덩어리처럼 보였어요.

"호랑이 패거리들이 아직 옮기지 않았네. 냄새에 그만 뻗어 버렸군!"

넬리가 기뻐하며 말했어요.

넬리와 인사이클로피디아를 발견한 벅스가 느릿느릿 일어나 앉았어요. 그러고는 인사이클로피디아를 향해 으르렁거리며 말했어요.

"당장 꺼져! 안 그러면 혀를 잡아 늘려 버린다."

인사이클로피디아가 말했어요.

"용연향은 넬리 거야. 오늘 아침에 넬리가 발견했어."

"무슨 소리야. 우리 호랑이 클럽이 스킨 다이빙을 하다가 바다 밑에서 발견했어."

"그러면 해변에는 어떻게 가지고 왔어?"

"바다 밑에서 끌어올렸어. 지금 밀물이 들어오면 보트에 실을 거다. 어쩔래?"

넬리가 크게 소리쳤어요.

"말도 안 돼! 다 거짓말이야!"
인사이클로피디아가 말했어요.
"걱정하지 마! 내가 거짓말이라는 걸 증명해 줄게."

벅스의 거짓말은 무엇일까요? ◐ 33쪽에 해결이 있어요.

과학 솔루션

용연향이란
무엇인가요?

여러 가지 향료

향수를 만들 때 사용되는 용연향은 바다에 둥둥 떠다니다가 해변가로 밀려와 발견되지요.

우리 주변에는 다양한 종류의 향료들이 있습니다. 이러한 향료는 우리 생활에 많이 사용되고 있지요. 향료란 화장품이나 식료품 등의 생활용품에 향기를 가하기 위해 첨가하는 유기 물질을 말합니다. 보통 향료는 상온인 25℃에서 잘 기화하여 휘발성이 우수한 성질을 가지고 있지요.

향료의 종류는 크게 천연 향료와 인조 향료로 나눌 수가 있습니다. 천연 향료는 동물성 향료와 식물성 향료로 나눌 수가 있지요. 동물성 향료에는 사향노루의 냄새 주머니를 건조시킨 사향, 사향고양이의 분비물을 모은 시벳, 향유고래에서 얻은 용연향, 비버의 분비물에서 얻은 카스토르가 있습니다.

식물성 향료에는 냄새나는 식물의 꽃이나 과실·잎·가지·줄기·뿌리 등에서 얻으며 대부분이 기화가 잘

되는 휘발성 물질로 물보다 가벼운 성질이 있지요. 대표적인 것이 레몬유·오렌지유 등이 있습니다.

인조 향료를 나누면 크게 단리 향료와 합성 향료가 있지요. 단리 향료란 석유를 분류하거나 냉동법에 의하여 향료 성분을 분리하여 얻으며 보통 추출 향료라고도 합니다. 대표적인 단리 향료로는 장미 냄새가 나서 장미유의 원료로 사용하는 게라니올, 장뇌유의 주성분의 하나인 사프롤 등이 있지요.

향유고래

합성 향료는 주로 콜타르와 석유 화학 제품인 벤젠·톨루엔·페놀 등과 합성한 원료를 말하는데, 합성 향료는 가격이 저렴해 해마다 그 수요가 늘어나고 있습니다.

하지만 여기에서 기억해야 할 것은 향료의 사용입니다. 특히 합성 향료의 경우 기준치를 초과할 경우 맛은 좋을지 모르지만 우리 몸에는 좋지 않습니다. 따라서 반드시 사용 기준을 명확히 세워 지키도록 하는 것이 좋지요.

최근 어린이들이 합성 향료가 많이 들어간 과자나 빵 등을 섭취하여 문제가 되고 있습니다. 그렇기 때문에 합성 향료는 반드시 사용량을 정하고 관리하는 것이 꼭 필요합니다.

사건을 해결하는 데 도움을 준 과학 지식은 무엇일까?

여러분은 물에 뜨는 것과 뜨지 않는 것을 구분할 수 있을 것입니다. 물체가 물에 뜨기 위해서는 반드시 밀도가 물보다 가벼워야 하지요. 그런데 벅스는 바다 밑에 가라앉아 있는 용연향을 발견하여 해변으로 옮겼다는 말을 했습니다. 이 말은 분명한 거짓말입니다. 용연향은 물보다 가벼워 물 위로 둥둥 뜨기 때문이지요. 결국 벅스는 넬리의 용연향을 훔치고는 바다 밑에서 발견했다고 거짓말을 한 것입니다.

정답 우리는 다양한 종류의 향수들을 사용하고 있습니다. 그런데 어떤 향수들은 동물에서 나온 분비물을 이용하여 만들어지기도 합니다. 그중 가장 대표적인 것이 용연향입니다. 용연향이란 향유고래의 수컷 창자 속에서 생기는 것으로, 이 물질을 알코올에 녹여서 향수를 만듭니다.

사건의 해결 — 용연향의 진짜 주인을 밝혀라! 편

　용연향 냄새에 질려 정신이 없던 벅스는 소년 탐정이 물었을 때 제대로 생각할 수 없었다. 게다가 넬리한테 들은 것 말고는 용연향에 대해 아는 것도 없었다. 벅스는 자기들이 바닷속에서 스킨 다이빙을 하다가 용연향을 발견했고, 바다 밑에서 용연향을 끌어올려 해변으로 옮긴 후 밀물이 오기를 기다리고 있다고 했다.
　거짓말이 들통 나는 대목이다! 용연향은 바다 밑으로 가라앉지 않으니까!
　인사이클로피디아가 아는 것처럼 용연향은 물 위에 떠 있는 채로 발견되는 것이다. 벅스는 용연향 덩어리를 넬리에게 돌려줄 수밖에 없었다.

추락한 잠수함을 지켜라!

벅스 미니가 크리스마스에 하고 싶은 일은 단 한 가지! 인사이클로피디아에게 복수하는 것이지요. 소년 탐정에게 꼼짝없이 당하는 것이 싫었으니까요. 할 수만 있으면 탐정의 머리를 비틀어 버리고 싶었어요. 하지만 그런 생각이 들 때마다 인사이클로피디아의 동업자인 샐리 킴볼 생각이 났어요.

샐리는 5학년 여자아이 중 가장 예쁜데다가 운동도 잘했어요. 벅스가 무서워하는 유일한 아이기도 했지요. 샐리와 엮일 때마다 바닥에 뻗어 눕는 사람은 벅스였으니까요.

샐리 때문에 벅스는 차마 인사이클로피디아를 어쩌지 못했어요. 하지만 복수의 꿈은 절대 접지 않았지요.

"벅스를 조심해. 지고는 못살잖아."

샐리가 소년 탐정에게 경고했어요.

하루는 자전거를 탄 인사이클로피디아와 샐리가 델리 식품 가게에 새로 나온 치즈 케이크를 보러 시내에 갔어요. 둘은 지름길을 택했지요. 그런데 이틀간 내린 비 때문에 흙길은 진흙탕으로 변해 미끄러웠어요.

스위니 씨의 자동차 정비소 근처를 지날 때였어요. 자동차 정비소 뒤에는 낡은 창고 하나가 있었는데, 그 창고는 호랑이 클럽의 클럽 하우스였어요.

클럽 하우스 근처에 왔을 때 머리 위에서 헬리콥터 소리가 났어요. 하늘을 올려다본 인사이클로피디아는 군청색 잠수함이 클럽 하우스 서쪽 숲으로 추락하는 걸 보았어요.

인사이클로피디아와 샐리는 자전거에서 내려 잠수함이 떨어진 곳으로 달려갔어요. 클럽 하우스에 있던 벅스 미니와 더치 컬러, 제스 래도 소리를 듣고 왔지요.

모두 질퍽한 구덩이 주변에 모였어요. 구덩이에는 잠수함이 처박혀 있었는데, 잠수함의 외관은 완전히 부서졌지요.

벅스가 외쳤어요.

"우아, 저것 좀 봐! 폭탄이다!"

샐리가 핀잔을 주었어요.

"바보! 미니 잠수함이잖아."

벅스가 이죽거렸어요.

"흥, 잠수함이 저렇게 작고 동그랗다는 소리 들어 봤냐? 장거리 폭탄 종류라고. 어떤 나라에서 우리 호랑이 클럽을 노리고 쏘아 보낸 걸 거야."

벅스는 '어떤 나라'가 호랑이 클럽 같은 진짜 미국인들을 몽땅 해치우려 한다는 터무니없는 이야기를 지껄였어요. 인사이클로피디아가 하늘을 올려다보았어요. 헬리콥터는 이미 사라지고 보이지 않았어요. 숲 근처에는 헬리콥터가 착륙할 만한 곳이 없었어요. 샐리는 비탈 아래에 있는 잠수함 근처로 가려고 했어요.

"가까이 가지 마! 언제 터질지 모른단 말이야!"

벅스가 크게 소리쳤어요. 그러고는 더치와 제스에게 한쪽 눈을 찡긋해 보인 다음, 샐리의 발을 걸었어요. 샐리가 비탈로 굴러떨어졌어요.

벅스는 신 나게 노래를 불렀어요.

"외계인의 우주선이지. 화성인들의 냉동 광선총. 맞으면 얼음땡이 되고 만다네. 랄라라."

샐리가 얼굴에 묻은 진흙을 닦아 내며 말했어요.

"이게 무슨 짓이야, 벅스!"

인사이클로피디아 곁으로 온 벅스가 말했어요.

"우리 호랑이들이 에프비아이(FBI : 미국의 비밀 경찰기관)가 도착할 때까지 보초를 서겠다. 너와 진흙 범벅 조수는 당장 이곳을 떠나라!"

인사이클로피디아가 대꾸했어요.

"잠수함 속에 있는 것을 몽땅 훔쳐 가려고? 꿈 깨시지!"

벅스가 으르렁거리듯 말하며 주먹을 들었어요.

"뭐라고? 밥맛없는 녀석. 여름 내내 내 신경을 건드렸겠다. 네 주변에 아무도 없으니 각오해."

샐리가 소리쳤어요.

"너 가만 안 둔다!"

"닌 빠져. 너까시 손보고 싶지는 않으니까."

벅스가 경고를 하며 바지에 묻은 진흙 한 점을 손가락으로 튕겨 냈어요. 샐리는 비탈에서 기어오르려고 애썼어요.

비탈 위에 있던 제스가 말했어요.

"이 숙녀는 나와 더치가 맡을게."

제스는 샐리를 밀어 버리려고 허리를 숙였어요. 하지만 제스는 비탈로 미끄러졌어요. 샐리가 제스의 팔을 붙잡아 당겨 버렸거든요.

정신을 차릴 새도 없이 샐리의 주먹이 제스의 배를 파고들었어요. 샐리의 주먹 한 방에 호랑이 패거리 셋이 잠잠해졌어요. 제스가 끙끙 앓으며 진흙탕에 뻗자 벅스와 더치가 몸을 사렸어요.

더치가 더듬거렸어요.

"제, 제스! 수, 숨 쉴 수 있어?"

제스의 웅얼거리는 대답은 사이렌 소리에 묻혀 버렸어요. 잠시 후 브라운 경찰서장이 이끄는 경찰관 여섯 명이 잠수함 주변을 에워쌌어요.

인사이클로피디아는 아빠로부터 사건의 내용을 들을 수 있었어요. 미니 잠수함은 안전도 검사를 위해 해군 기지로 가던 중이었대요.

브라운 경찰서장이 말했어요.

"헬리콥터에서 잠수함이 떨어질 때 조종사가 경찰서로 무전을 했단다. 비밀 무기지. 해군에서 사람들이 나와 가져갈 때까지 우리 경찰이 경비를 서야 한단다."

벅스가 끼어들었어요.

"딱 시간 맞춰 오셨네요, 서장님. 조금만 더 늦었어도 잠수함이 털렸을 거예요."

브라운 경찰서장이 물었어요.

"어떻게 말이냐?"

벅스가 말했어요.

"믿기 힘드시겠지만 서장님 아들과 샐리가 잠수함 속에 있는 것들을 훔치려 했어요."

인사이클로피디아는 말했어요.

"무슨 소리야? 우린 그런 짓 안 했어요."

벅스가 말했어요.

"표창을 바라고 한 일은 아니지만, 우리 호랑이 클럽은 폭력 없이 미니 잠수함을 시켰어요."

화가 난 샐리가 외쳤어요.

"거짓말쟁이! 나한테 손만 댔어도 제스 꼴로 만들어 주는 건데!"

벅스는 큰 소리로 말했어요.

"거짓말하지 마. 호랑이는 계집애들하고는 안 싸워."

제스도 곁에서 거들었어요.

"서장님 아들이 샐리한테 잠수함을 열라고 했어요. 벅스가 샐리를 말리려 했는데 샐리가 발을 걸어 벅스를 넘어뜨렸어요. 제가 나서서 말리자 저까지 넘어뜨렸다고요."

벅스가 말했어요.

"샐리가 잠수함 뚜껑을 열려고 할 때 서장님이 도착하셨어요."

브라운 경찰서장이 걱정스런 표정을 지었어요.

"이건 그냥 지나칠 일이 아니구나, 르로이. 네 말을 들어 봐야겠구나."

인사이클로피디아가 말했어요.

"제 말은 들으실 필요도 없어요. 저걸 보시면 알잖아요."

거짓말이 들통 나게 한 벅스의 실수는 무엇일까요?

○ 45쪽에 해결이 있어요.

과학 솔루션

잠수함은 어떻게 물속에 가라앉나요?

잠수함에 숨어 있는 과학

모두 질펀한 구덩이 주변에 모였어요. 구덩이에는 잠수함이 처박혀 있었는데, 잠수함의 외관은 완전히 부서졌지요.

    잠수함은 바다 위와 아래를 동시에 다닐 수 있는 배입니다. 잠수함은 군사적으로 매우 중요하기 때문에 전 세계 여러 나라가 뛰어난 성능을 가진 잠수함을 개발하려고 노력합니다.

    잠수함이 물 위를 뜨고 가라앉는 원리는 부력 때문입니다. 잠수함 속에는 공기탱크가 있는데 여기에 물을 채우면 잠수함의 무게가 동일한 부피의 물보다 커지므로 부력보다 무게가 크게 되므로 가라앉습니다.

    반대로 공기탱크의 물을 빼내면 잠수함과 동일한 부피의 물보다 무게가 작아지므로 부력에 의해 물 위로 뜨게 됩니다. 이렇게 잠수함은 물의 양을 조절하여 뜨고 가라앉는 것이지요.

    잠수함은 물속에서 움직이기 때문에 물에 의한 저항과 압력을 충분히 고려해야 합니다. 왜냐하면 물속의

●관련 과학 교과 6학년 2학기 3단원 – 에너지와 도구

압력이 지면보다 더 크기 때문입니다. 그래서 잠수함을 설계할 때에는 물의 저항을 줄이기 위한 모양을 먼저 고려해야 하지요.

대부분은 잠수함의 앞머리는 유선형으로 되어 있습니다. 이것은 물에 의한 저항을 줄여 조금 더 빠른 속도로 앞으로 나가기 위한 것이지요.

또, 잠수함의 선체는 물의 압력을 견디기 위하여 내압력성이 강한 소재를 사용하며 두께도 두꺼워야 합니다. 최근에는 더 깊은 곳으로 내려가기 위해 두께를 더 두껍게 만들고 있습니다. 이처럼 잠수함의 선체에는 보이지 않는 과학이 숨어 있습니다.

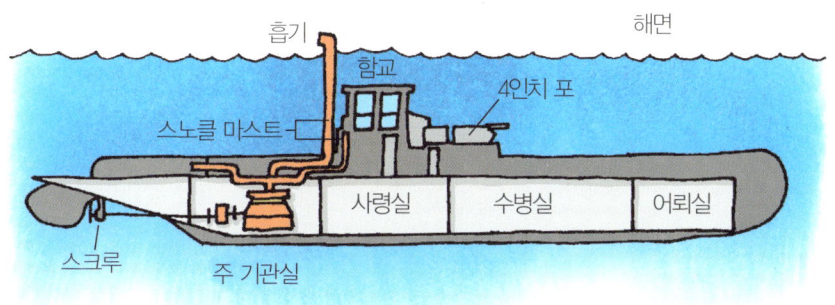

제2차 세계 대전 당시의 영국 잠수함의 모양과 위치

과학 솔루션

사건을 해결하는 데 도움을 준 과학 지식은 무엇일까?

비가 내린 산비탈은 온통 흙탕물로 변하는 것이 일반적입니다. 그런데 비가 이틀 동안이나 내렸다면 비의 양은 상당히 많았을 것으로 추측할 수 있지요. 벅스는 샐리가 발을 걸어서 넘어졌다고 했지만 벅스의 바지에는 진흙이 묻어 있지 않았습니다. 따라서 벅스가 인사이클로피디아와 샐리에게 잠수함 사건의 누명을 씌우기 위해 거짓말을 했다는 것을 알 수 있습니다.

정답 잠수함이 물 위에 뜨고 가라앉을 수 있는 것은 잠수함 속에 내장된 공기탱크에 물을 넣고 빼는 과정을 통해 이루어집니다. 다시 말하면 잠수함에 가해지는 부력이 잠수함의 무게보다 작으면 가라앉고, 부력이 무게보다 크면 뜨게 되는 것이지요. 따라서 공기탱크에 물이 차 물의 부력보다 잠수함 무게가 무거우면 가라앉고, 공기탱크에 물이 빠져 가벼우면 뜨게 되는 것이지요.

사건의 해결: 추락한 잠수함을 지켜라! 편

　벅스는 항상 자신을 꼼짝 못하게 만드는 인사이클로피디아에게 복수를 하고 싶었다. 그래서 인사이클로피디아와 샐리가 잠수함을 열어 부품을 훔치려 했다는 거짓말을 했다. 제스도 벅스의 말에 힘을 실어 주려고 샐리가 발을 걸어 벅스를 넘어뜨렸다고 말했다.
　만약 이틀간 비가 내린 땅에 벅스가 넘어졌다면 벅스의 바지는 진흙 범벅이어야 했다. 하지만 벅스의 바지는 한 점 튄 진흙마저 벅스가 손가락으로 튕겨 버린 후였다.
　인사이클로피디아가 아빠에게 보라고 한 것은 바로 벅스의 바지였다. 진흙이 묻지도 않은 벅스의 바지를 본 브라운 경찰서장은 호랑이 패거리들이 거짓말을 하고 있음을 알아차렸다.

사라진 돈을 찾아라!

일요일 오후, 신문을 보던 인사이클로피디아가 전화를 받았어요. 엘머 오티스의 전화였지요. 엘머가 어찌나 빠르게 말하던지 인사이클로피디아는 하나도 알아들을 수가 없었어요.

인사이클로피디아가 말했어요.

"엘머, 엘머! 좀 진정해 봐."

"난 침착해. 경찰을 불러 줘! 아니, 네 아빠 좀 바꿔 줘!"

인사이클로피디아가 물었어요.

"무슨 일인데?"

"청소년 센터 사무실에 있던 돈이 사라졌어."

청소년 센터 사무실에 있는 돈이라면 3달러 이상을 넘지 않았어요. 사탕이나 음료수를 살 때 또는 잔돈을 바꿀 때 쓰려고 담배 상자 속에 보관하는 돈이었거든요.

인사이클로피디아가 말했어요.

"경찰이 나설 만한 사건은 아닌 것 같은데."

"그래, 하지만 누군가는 맡아야 할 사건이지. 네가 대신 와 줄래?"

인사이클로피디아가 자전거를 타고 쏜살같이 청소년 센터로 왔어요. 건물 밖에는 샐리가 앉아 있었어요.

샐리가 부루퉁한 표정으로 투덜거렸어요.

"남자애들이란!"

인사이클로피디아가 물었어요.

"무슨 일이야?"

"무슨 권투를 입으로 하니?"

샐리의 설명은 이랬어요. 청소년 센터는 일요일에 문을 열지 않지만 엘머와 피트, 오스카에게 특별히 사용을 허락해 줬대요. 셋은 다음 주에 있을 청소년 권투 대회 훈련 중이었거든요.

"나더러 권투 경기 심판을 해 달라는 거야. 그런데 얻어맞는 것을 무서워하는 거야. 어휴! 그런 꼴을 보고 있자니 내가 못 견디겠더라구. 그래서 글러브 벗을 때나 부르라고 하고 나와 있는 거야."

샐리가 말했어요.

"토너먼트를 위해 힘을 아끼는 걸 거야."

인사이클로피디아는 남자아이들을 위해 변명을 해 주었어요. 그리고 샐리에게 엘머가 전화로 한 얘기를 해 주었어요.

"문 앞에 있는 동안 건물에서 나온 사람 없었어?"

인사이클로피디아가 물었어요.

"없었어! 그 세 명 말고는 건물 안에 다른 사람은 없을걸."

샐리가 대답했어요.

인상을 쓴 샐리가 뭐가 생각났는지 손바닥을 마주쳤어요.

"가만! 짐 힐이 있었지. 건물 뒤쪽에서 나오는 걸 봤어. 뭔가 굉장히 바쁜 일이 있는 것처럼 총총히 사라졌어."

"뒷문으로 몰래 들어갔다 나왔을 수도 있겠군. 도둑일 가능성이 있어."

인사이클로피디아가 말했어요.

"짐은 아니야. 호랑이 클럽에도 못 들어간 애잖아. 벅스 말을 빌리자면 자기 자는 모습을 보겠다며 눈을 감고 거울 앞에 서 있던 애라잖아."

샐리가 고개를 저으며 말했어요.

"짐이 뭔가를 알고 있을 수도 있어."

인사이클로피디아가 중얼거리듯 말했어요.

둘은 건물 안으로 들어갔어요. 복싱 글러브를 낀 엘머, 피트, 오스카는 체육관에 있었어요.

엘머는 구석에서 혼자 연습을 하고 있었어요. 피트와 오스카는 팔을 뻗어도 닿지도 않을 거리를 두고 스파링을 하고 있었고요.

피트와 거리를 둔 채 스파링을 하는 오스카가 말했어요.

"코에 내 펀치가 닿으면 일주일간 가죽 냄새가 안 떠날 거다."

피트도 다가가지 않은 채 말했어요.

"그래? 내 펀치가 턱에 꽂히면 벌렁 나자빠질걸?"

인사이클로피디아가 속으로 생각했어요.

'수다쟁이들. 샐리라면 둘을 한꺼번에 상대해도 반 라운드면 충분하겠는걸.'

연습을 멈춘 앨머가 인사이클로피디아 곁으로 와 말했어요.

"샐리가 밖으로 나가고 난 후 도둑맞은 것이 틀림없어. 우리 셋 모두 체육관 안에서 연습 중이었는데, 건물 안쪽에서 뭔가 깨지는 소리가 났어."

인사이클로피디아가 물었어요.

"무슨 소린지 알아봤어?"

"응, 램프였어. 보여 줄게, 따라와."

아이들은 복도를 내려가 건물 안쪽에 있는 사무실로 갔어요. 돈이 보관되어 있던 담배 상자가 책상 위에 놓여 있었어요. 바닥에는 램프 조각이 흩어져 있었어요.

엘머가 말했어요.

"보다시피 아무것도 손대지 않았어."

인사이클로피디아는 사무실의 커다란 벽장을 열어 보았어요. 그런 다음 사무실 뒷문을 열어 보았어요. 뒷문은 안에서만 열리는 문이었어요. 밖에서는 절대로 열 수 없었지요.

인사이클로피디아가 물었어요.

"너희 셋 중 체육관을 나갔다 온 사람 있니?"

엘머가 말했어요.

"다들 물 마시러 한두 번은 나갔다 왔지."

정수기는 뒷문 쪽 복도 한켠에 있었어요. 인사이클로피디아는 정수기에서 물 한 잔을 따라 마셨어요.

인사이클로피디아가 골똘히 생각하며 말했어요.

"사무실, 뒷문, 정수기는 체육관에서 보이지 않아. 그리고 사무실에서는 정수기나 뒷문이 볼 수 없고."

엘머가 물었어요.

"그게 단서니?"

샐리가 외치듯 말했어요.

"물론이지! 너희들 중 누군가 물 마시러 갔다가 뒷문을 열어 놓아서 도둑이 몰래 들어온 걸 거야."

엘머가 항의하듯 말했어요.

"하지만 그 도둑이 몰래 빠져나갈 수는 없잖아. 뭔가 넘어지는 소리를 듣고 우리 셋이 사무실로 달려갔다니까."

오스카가 말했어요.

"엘머가 전화로 너한테 도움을 청하는 동안 난 피트랑 정수기 근처에 있었어. 도둑이 우리도 모르게 지나갈 수는 없어."

인사이클로피디아가 말했어요.

"그렇지 않아. 램프를 넘어뜨린 범인은 벽장 안에 숨어 있었어. 너희 셋이 사무실을 둘러보고 체육관으로 다시 돌아가자 그때 뒷문으로 도망쳤어."

화가 난 앨머가 물었어요.

"너 정말 우리 중 하나가 도둑을 도왔다고 여기는 거니?"

인사이클로피디아가 대답했어요.

"그 반대야. 도둑이 너희 중 한 사람을 도운 거야."

인사이클로피디아의 의심을 받는 사람은 누구일까요?

▶ 57쪽에 해결이 있어요.

 과 학 솔 루 션

식수는 어떤 과정으로 만들어지나요?

수돗물을 만드는 과정

"다들 물 마시러 한 두 번은 나갔다 왔지."
정수기는 뒷문 쪽 복도 한켠에 있었어요.

우리는 수돗물을 이용하여 식수와 빨래, 목욕 등의 생활에 사용합니다. 이러한 수돗물은 현대 생활에서 없어서는 안 될 소중한 것이지요. 하지만 이렇게 소중한 수돗물은 간단히 만들어지는 것이 아닙니다. 아주 여러 단계의 복잡한 과정을 거쳐 만들어진답니다. 지금부터 우리가 사용하는 수돗물이 만들어지는 과정을 순서대로 알아보기로 합시다.

가장 먼저 취수장에 저장되어 있는 물을 침사지로 보내면 침사지에서 입자가 큰 모래나 흙 등을 가라앉힙니다. 그다음에는 약품을 투입하는데 이때 사용하는 약품으로는 백반이나 수산화칼슘을 사용하며 물속에 있는 미세한 입자들을 가라앉히는 역할을 하지요.

이렇게 물속에서 응집된 물질을 가라앉혀 물과 분리시키는 과정인 침전지를 거칩니다. 침전지를 통과한

● 관련 과학 교과 3학년 2학기 3단원 – 혼합물의 분리

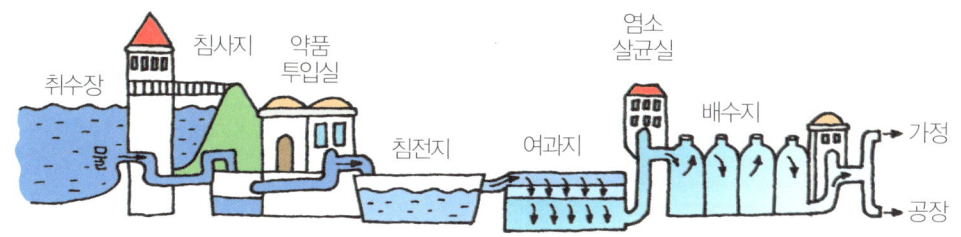

수돗물을 만드는 과정

물은 여과지를 통해 다시 한 번 걸러집니다.

그다음에는 소독을 위하여 염소를 투입하는데 이 과정이 염소 살균실입니다. 염소를 첨가하게 되면 물속에 있는 세균이나 미생물들이 살균되지요. 이렇게 통과한 물은 임시로 저장되는 정수지를 거치게 되며 다시 정수한 물을 보관하는 배수지에 저장되었다가 공급을 하게 되지요. 이렇게 만들어진 물이 수돗물입니다.

아마 여러분은 수돗물을 사용할 때 이상한 냄새를 맡아 본 적이 있을 것입니다. 아울러 수돗물은 그냥 마시면 맛이 별로이지요. 가장 큰 이유는 바로 수돗물을 만드는 과정에서 넣는 염소 때문입니다.

특히 수돗물 냄새를 일으키는 가장 큰 원인이 염소와 수도관의

낡은 수도관

부식에 의하여 발생하는 것이 대부분이지요. 따라서 노후된 수도관을 체계적으로 관리하고 보수하는 것이 수돗물 냄새를 없애는 가장 좋은 방법입니다.

재미있는 과학 상식 : : : 정수기의 원리

대부분의 정수기는 역삼투압 방식을 이용하여 물을 정수하는데, 이 방법은 농도가 다른 경우 저농도에서 고농도로 용매인 물이 이동한다는 삼투 현상의 반대 현상을 이용한 것입니다. 다시 말해 물의 삼투압보다 높은 압력을 가해 순수한 물만 이동하게 하는 방법이지요. 이렇게 되면 오염 물질은 그대로 있고 순수한 물만을 거를 수 있습니다. 따라서 우리가 사용하는 정수기는 대부분 역삼투압 방식을 이용한답니다.

정답

여러분은 대부분 수돗물을 식수로 사용하고 있을 것입니다. 이렇게 우리가 먹거나 사용하는 수돗물은 여러 단계를 거쳐 만들어집니다. 수돗물이 만들어지는 과정을 보면 크게 6단계를 거치게 되지요. 단계별을 정리하면 침사지 → 약품 투입실 → 침전지 → 여과지 → 염소 살균실 → 배수지의 순입니다. 우리가 수도꼭지를 틀면 나오는 물은 이 과정을 거친 후랍니다.

사라진 돈을 찾아라! 편

　엘머가 정수기 쪽으로 갔을 때 짐이 들어올 수 있었고, 짐은 사무실에서 돈을 훔쳤다. 짐이 아무도 모르게 나갔으면 좋았겠지만 램프를 넘어뜨리는 실수를 저질렀다.
　엘머는 자신에게 쏟아질 의심을 피하기 위해 피트와 오스카에게 인사이클로피디아에게 전화를 하겠다고 말했다. 사무실로 전화를 하러 간 엘머는 전화 버튼을 누를 수 없었다. 권투 장갑을 끼고 있었기 때문이다!
　엘머는 벽장에 숨어 있는 짐에게 인사이클로피디아의 집으로 전화를 걸게 했다. 인사이클로피디아가 이 실수를 그냥 지나치기를 바랐겠지만 인사이클로피디아가 그럴 사람인가?!
　월요일 아침, 엘머는 돈을 제자리에 가져다 놓았다.

수상한 은하계 모형 사업

차고를 청소하던 인사이클로피디아가 가로등에 부딪친 휴고를 보았어요.

인사이클로피디아가 외쳤어요.

"휴고! 괜찮아?"

휴고가 숨을 참으며 말했어요.

"괘, 괜찮아."

하지만 휴고는 계속 비틀거렸어요.

"별을 보면서 계산을 하는 중이었는데."

인사이클로피디아가 고개를 갸웃거렸어요.

"별을 계산한다고? 너, 생각보다 심하게 다친 거 아니야?"

휴고가 말했어요.

"내가 지금 몸은 제대로 못 가누고 있지만 무슨 말을 하는지는 알아. 별로 돈을 벌 거야. 월포드 위긴스가 그렇게 말했어."

월포드 위긴스는 고등학교를 그만두고 벼락부자가 되는 온갖 방법을 연구하는 형이에요. 툭하면 벼락부자가 되는 법이 있다고 아이들을 속이려 들었지요. 그때마다 인사이클로피디아가 그걸 해결하느라 동분서주했지요.

인사이클로피디아가 경고를 했어요.

"맙소사, 너 월포드 형을 믿는 거야? 그 형은 속임수를 밥 먹듯이 쓰잖아. 할 수만 있으면 프랑크푸르트 소시지에도 배지를 달아 경찰견이라고 팔걸?"

"그 형이 그런 사람이라는 거 나도 알아. 하지만 이번엔 달라. 부자로 만들어 줄 방법을 진짜로 알려 줬다고."

"그 방법이 어떤 건데?"

"월포드가 그러는데, 맨눈으로 볼 수 있는 별 한 개당 5달러를 벌 수 있대. 내일 오후 2시 사우스 공원에서 모일 때 자세히 알려 줄 거야."

인사이클로피디아가 말했어요.

"나한테는 모임이 있다는 말을 안 하던데."

"너만 보면 펄쩍 뛰는 것도 무리는 아니지. 하려는 일마다 너 때문에 못하게 됐으니까."

"문제는 그런 일을 그만두지 않는다는 거야. 내일 너랑 같이 가 봐야겠다."

다음 날, 점심을 먹은 인사이클로피디아는 사설탐정소를 샐리에게 맡기고 휴고랑 함께 사우스 공원에 갔어요.

휴고가 말했어요.

"늦진 않았어."

윌포드 위긴스는 링컨 동상 앞에 서 있었어요.

인사이클로피디아가 작게 중얼거렸어요.

"뭐야, 저 표정은? 정직한 척. 뭔가 많이 알고 있는 척하고 있잖아? 저 형의 말은 콩으로 메주를 쑨다고 해도 못 믿겠어."

윌포드 앞에는 많은 아이들이 모여 있었어요. 윌포드가 손을 들어 조용히 하라고 했어요.

"가까이들 와. 어떻게 하면 부자도 되고 유명한 사람도 될

수 있는지 말해 줄게. 그렇게 되면 몸이 두 개라도 모자랄 거야."

"허풍이 점점 심해지는군."

베니 브레슬린이 불평을 했어요.

"좋아, 쓸데없는 말은 그만할게. 난 정직한 사람이라고. 너희들 인생에서 가장 위대한 사업에 참여시켜 줄게."

모인 아이들 중 뒤쪽에서 누군가가 손뼉을 치기 시작했어요. 자신을 향한 박수라고 생각한 월포드는 청중을 향해 꾸벅 고개를 숙였어요.

벅스 미니가 앞으로 나오며 소리쳤어요.

"우, 난 잠이나 깨려고 내 머리를 두드린 건데. 얼른 돈 버는 방법이나 말해 봐."

"야, 넌 그 정도도 기다릴 수 없냐? 욕심 많기는……. 좋아! 돈은 누구나 쉽게 벌고 싶어 하지. 너희들의 친구이자 이웃인 나, 월포드 위긴스가 그 방법을 가르쳐 주겠어. 바로 이거야!"

월포드는 뭔가를 꺼내려는 듯 주머니에 손을 넣었어요.

아이들은 월포드 앞으로 바짝 다가들었어요. 그러자 월포드가 크게 외쳤어요.

"짜잔! 이것이 바로 돈 버는 비법이야!"

아이들의 눈이 월포드의 손으로 쏠렸어요.

"이게 뭔지 궁금하지? 이건 2분의 1인치 크기의 지구 모형이야!"

월포드는 작은 공을 아이들에게 건네며 말했어요.

"독일의 볼프강 쉬미트 교수가 내 사업 동료야. 그는 지금 은하계 모형을 만들고 있어. 다 만들면 미국 전역에 공개할 계획이야."

데스먼드 듀란드가 말했어요.

"은하계 모형을 만들려면 비용이 엄청나겠지?"

월포드가 말했어요.

"돈을 벌기 위해선 돈을 먼저 써야 해. 쉬미트 교수는 백만 달러의 기금을 마련하는 중이야. 수천 개의 별(항성)들이며 행성들, 위성들을 만들어야 하니까. 아이들은 물론 어른들도 이 전시회를 보고 싶어 할 거야."

지구 모형은 아이들의 손에서 손으로 건네졌어요. 마침내 휴고의 손에 들어왔어요.

"잘 만들었네."

휴고가 작게 말했어요.

"속임수가 아니라는 걸 너희 눈으로 직접 확인해 봐. 너희 몫을 사면 너희 모두가 역사상 가장 위대한 전시 사업에 참여할 수 있어."

윌포드가 큰 소리로 말했어요.

"얼만데?"

의심스러웠지만 돈을 쉽게 벌 수 있다는 말에 솔깃한 벅스가 물었어요.

"단돈 5달러. 2년 후면 너희들의 푼돈 5달러는 수백만 달러가 되어 있을 거야."

윌포드가 말했어요.

수백만 달러라는 말에 아이들이 술렁거렸어요. 사람들이 축구 경기보다 은하계 모형을 구경하러 갈 것 같았어요!

"애스트러돔(텍사스 주 휴스턴의 돔형 야구장)에서 전시회를 하면 되겠다!"

칼 베츠가 말했어요.

이 말에 분위기가 흥분되기 시작했어요. 아이들은 어디에서 은하계 모형 전시회를 열 것인가를 놓고 입씨름을 했어요.

"양키 스타디움이야."

"로즈 보울이야."

루시 핍스가 가장 거창한 의견을 내놓았어요.

"그랜드캐니언에다 전시하는 거야!"

루시가 소리 높여 외쳤어요.

루시의 의견보다 더 나아 보이는 것은 없었어요.

그때 인사이클로피디아가 말했어요.

"모형 같은 건 쓰레기통에나 버려."

삽시간에 주위가 고요해지며 모든 얼굴이 소년 탐정에게 쏠렸어요.

"엉뚱한 데 돈 낭비하지 마. 윌포드 형에게 돈을 주면 다시는 돌려받지 못할 테니까."

소년 탐정이 말했어요.

인사이클로피디아가 그렇게 말한 이유는 무엇일까요?

○ 69쪽에 해결이 있어요.

은하란 무엇인가요?

은하에 대하여

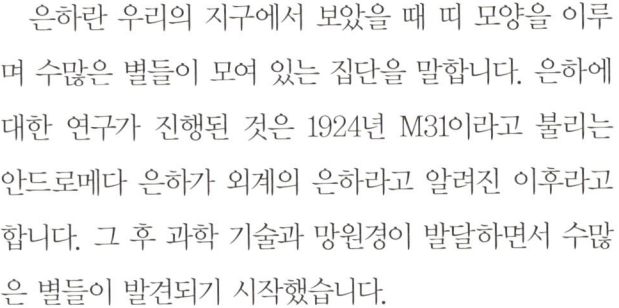

"독일의 볼프강 쉬미트 교수가 내 사업 동료야. 그는 지금 은하계 모형을 만들고 있어. 다 만들면 미국 전역에 공개할 계획이야."

은하란 우리의 지구에서 보았을 때 띠 모양을 이루며 수많은 별들이 모여 있는 집단을 말합니다. 은하에 대한 연구가 진행된 것은 1924년 M31이라고 불리는 안드로메다 은하가 외계의 은하라고 알려진 이후라고 합니다. 그 후 과학 기술과 망원경이 발달하면서 수많은 별들이 발견되기 시작했습니다.

은하의 종류에는 타원 은하, 나선 은하, 불규칙 은하 등으로 분류할 수 있습니다. 타원 은하는 생긴 모양으로 보았을 때 타원형 모양을 갖는 은하를 말합니다. 일반적으로 빛의 분포는 고르며 표면의 밝기는 중앙이 밝고 밖으로 갈수록 어두워지는 형태를 띠고 있지요. 크기는 나선 은하에 비하여 크다고 합니다.

타원 은하의 질량은 다양한데 나선 은하보다 작은 것도 있고 큰 것도 있다고 하지요. 아울러 타원 은하

● 관련 과학 교과 5학년 1학기 1단원 – 지구와 달 / 5학년 2학기 4단원 – 태양계와 별

는 대부분이 나이가 많은 별들로 이루어져 있다고 합니다.

나선 은하는 나선 모양의 팔을 가지고 있는 은하를 말하며 대부분의 은하가 나선형입니다. 나선 은하에는 두 가지 종류가 있는데 정상 나선 은하와 막대 나선 은하로 나눌 수 있지요. 나선 은하는 다른 은하에 비하여 비교적 질량이나 크기가 작은 편에 속하며 지름은 약 1만 6,300광년에서 16만 3,000광년 정도의 크기를 가지고 있습니다. 아울러 우리의 태양계가 속해 있는 은하를 우리 은하라고 하는데 역시 나선 은하에 속하지요.

불규칙 은하는 타원 은하나 나선 은하처럼 일정한 특징을 가지고 있지 않고 대칭적이거나 규칙적인 구조를 가지고 있지 않는 은하를 말합니다. 가장 대표적인 불규칙 은하로는 마젤란 은하가 있지요. 이 마젤란 은하는

타원 은하

나선 은하

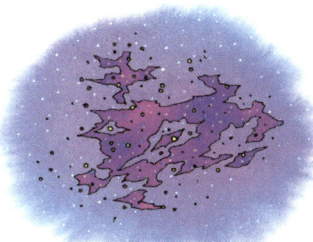

불규칙 은하

두 개로 나눌 수가 있는데 대마젤란 은하와 소마젤란 은하로 나뉩니다. 두 은하는 지구로부터 거리가 각각 17만 광년과 18만 광년으로 다른 은하보다 가까워 외부 은하에 대한 많은 지식을 우리에게 제공해 주는 아주 유용한 은하입니다.

사건을 해결하는 데 도움을 준 과학 지식은 무엇일까?

은하의 크기는 정확하게 측정하는 것조차 어렵습니다. 그런데 월포드는 은하계의 모형을 지구의 2분의 1인치 크기로 만들어 전시를 한다고 했지요. 이것은 말이 되지 않습니다. 만약 이렇게 모형을 만든다고 하면 지구에서 가장 가까운 별의 위치가 2만 마일이나 떨어진 곳이 됩니다. 따라서 만약 은하계의 모형이라면 지구 전체라고 해도 전시할 수 없습니다. 결국 월포드는 거짓말을 한 것입니다.

정답

우리가 살고 있는 지구는 태양계에 속해 있는 여러 행성들 중의 하나입니다. 이렇게 우주에는 태양계와 같은 별들이 존재하고 있다고 알려져 있습니다. 은하란 우주에 있는 수많은 별들이 띠 모양으로 모여 있는 집단을 말하지요. 이렇게 은하들이 모여서 이루는 것이 은하계입니다. 이처럼 우주에는 수많은 은하들이 존재하며 우리가 살고 있는 지구는 그 일부입니다.

수상한 은하계 모형 사업 편

   2분의 1인치 크기의 지구 모형을 산 월포드는 볼프강 쉬미트 교수와 은하계 모형 전시회를 할 거라는 이야기를 지어냈다. 가짜 계획을 세운 월포드는 이웃 아이들을 끌어들여 손쉽게 돈을 가로챌 속셈이었다.
   애석하게도 월포드는 항성들 간의 거리에 대해서 아는 바가 없었다. 하지만 인사이클로피디아는 알고 있었다. 월포드가 말하는 은하계 모형은 양키 스타디움에도, 그랜드캐니언에도 전시할 수 없다는 것을! 사실은 지구에 전시조차 할 수 없는 크기라는 것을!
   별(항성)들이 서로 너무 멀리 떨어져 있어서, 지구를 지름 2분의 1인치로 줄여 만든 크기대로 은하계 모형을 만든다 해도 지구에서 가장 가까운 별의 위치는 2만 마일 떨어진 곳이니까!

깡통 꽃병의 진실

"어떤 애가 내 물건을 훔치려고 했어!"
브라운 사설탐정소로 들어온 스텔라 보스웰이 소리쳤어요.
"무슨 물건을?"
인사이클로피디아가 물었어요.
"이거야!"
스텔라는 들꽃이 가득 담긴 녹슨 깡통을 내밀었어요.
황당한 인사이클로피디아는 말없이 꽃들을 쳐다보았어요. 훔치고 말고 할 만한 것이 아니었으니까요.
"도둑을 잡아 줘. 가만두면 안 될 애야."
스텔라가 말했어요.

스텔라는 휘발유 통 위에 동전을 올려놓았어요. 그런데 동전 소리가 조금 달랐어요.

"미안해. 내가 가진 돈은 이것뿐이라서. 25센트 정도는 되겠지?"

스텔라가 수줍게 말했어요.

인사이클로피디아는 동전을 집어서 살피고는 큰 목소리로 말했어요.

"이건 1861년도 남북전쟁(1861~1865년) 때 남부 연합이 사용한 50센트 은화잖아. 값이 5천 달러는 될걸! 이건 어디서 났어?"

"뭐라고, 이게 5천 달러나 된다고?"

스텔라는 입을 크게 벌린 채 숨도 제대로 못 쉬었어요.

"맙소사, 5천 달러라니!"

스텔라는 침을 꿀꺽 삼키고서야 대답했어요.

"범인이 떨어뜨렸어."

그러고는 무슨 일이 있었는지 얘기했어요. 스텔라는 들꽃을 꺾어 집으로 돌아가는 길에 남자아이와 부딪쳤대요. 그런데 뒤에서 뛰어오던 남자애 손에 들려 있던 종이 봉지가 스텔

라의 어깨에 부딪치면서 찢어졌대요.

"동전들이 찢어진 봉투 사이로 쏟아져 바닥에 떨어졌어. 동전을 줍던 남자애가 갑자기 내 꽃병을 움켜잡지 뭐야. 그때 자동차가 나타나자 쏜살같이 도망쳐 버렸어."

"아, 그 후에 네 꽃병 속에 50센트 은화가 떨어진 것을 발견했단 말이지?"

인사이클로피디아가 물었어요.

"그래, 이제야 이해가 돼. 그 아이는 내 꽃병을 훔치려고 했던 게 아니라 이 동전을 되찾으려고 했던 거네!"

스텔라가 한숨을 쉬며 말했어요.

"다시 보면 그 아이를 알아보겠어?"

스텔라가 고개를 저었어요.

"너무나 순식간에 일어난 일이라서……."

인사이클로피디아는 재빨리 생각했어요. 그 남자아이는 동전을 훔친 것이 분명했어요. 그렇지 않다면 지나가는 자동차를 무서워하지 않았을 테니까요. 지금쯤 근처를 배회하면서 스텔라가 나타나기를 기다리고 있을 거예요.

인사이클로피디아는 스텔라의 등을 떠밀어 자기 집으로 들어간 후 문을 잠갔어요.

"과자 구울 줄 아니?"

인사이클로피디아가 물었어요.

"설탕 쿠키는 만들 줄 알아. 입 안에서 그냥 사르르 녹잖아."

스텔라가 말했어요.

"좋아."

대답을 한 인사이클로피디아는 서둘러 경찰서에 전화를 했어요. 아니나 다를까 경찰서에는 희귀 동전 도난 신고가 들어와 있었어요. 소년 탐정은 아빠에게 스텔라와 남북전쟁 때 사용된 50센트 동전에 대해 이야기했어요.

"도둑을 꼼짝 못하게 할 방법이 있어요."

소년 탐정이 말했어요.

브라운 경찰서장은 아들의 계획에 귀를 기울였어요.

"그거 괜찮구나. 홀 경찰관과 테일러 경찰관을 보내마."

경찰관들에게 30분쯤 시간을 준 후 탐정과 스텔라는 스텔라의 집으로 향했어요. 스텔라는 꽃병을 안고 인사이클로피디아는 자신의 동전 수집함을 들었어요.

"누군가 우리를 지켜보는 것 같아."

스텔라가 소곤거렸어요.

"홀 경찰관이야. 건너편에서 집집마다 돌며 경찰관 무도회 티켓을 팔 거야. 홀 경찰관이 이 근처에 있는 동안에는 그 도둑도 우리를 어쩌지는 못할 거야."

스텔라의 집에 들어서자 여자 경찰관인 테일러가 가정부 차림으로 둘을 맞아 주었어요.

인사이클로피디아는 서둘러 도둑이 찾아올 것에 대비를 했어요. 먼저, 부엌에 있는 식탁 위에 자신이 가져온 동전을 펼쳐 놓았어요. 꽃이 담긴 스텔라의 꽃병에는 50센트 은화를 넣어 전동 믹서 뒤에 두었어요. 쉽게 눈에 띄지 않는 곳이지요. 한편 스텔라는 설탕 쿠키를 만들려고 버터, 달걀, 바닐라 액, 베이킹파우더, 설탕, 밀가루, 계량 숟가락, 계량 컵, 밀대 등을 꺼냈어요.

"홀 경찰관이 워스 거리 쪽으로 내려갔단다. 모퉁이를 막 돌아갔어."

창밖을 살피던 테일러 경찰관이 말했어요.

"이제 곧 도둑이 들이닥치겠군요."

인사이클로피디아가 말했어요.

잠시 후 초인종이 울렸어요. 현관으로 나간 테일러 경찰관은 어딘가 모르게 불안정한 십대 소년 하나를 데리고 부엌으로 왔어요.

"안녕, 나는 브렛이라고 해. 대학교 등록금을 마련하려고 잡지를 팔고 있어."

"난 독서광이야. 무슨 잡지를 파는데?"

스텔라가 말했어요.

브렛은 잡지가 든 커다란 폴더를 꺼냈어요.

"지금은 들여다볼 수가 없어. 어이쿠!"

밀가루를 담아 놓은 깡통을 떨어뜨릴 뻔한 스텔라가 브렛에게 부탁을 했어요.

"잠깐만 밀가루 깡통 좀 들어 줄 수 있어?"

"그러지."

밀가루 깡통을 건네받은 브렛은 식탁 쪽을 흘끗 보았어요. 인사이클로피디아는 식탁 주변에서 동전을 짤그랑거렸어요.

"형, 동전에 관심 있어?"

소년 탐정이 말했어요.

"취미가 동전 수집이야."

브렛이 대답했어요.

"오늘 아침에 좀 이상한 동전을 발견했어."

스텔라가 말했어요.

"구경해도 돼?"

브렛이 말했어요.

"깡통 속에 숨겨 두었어."

스텔라가 앞치마에 손을 닦으며 말했어요.

부엌을 이리저리 둘러본 브렛은 전동 믹서 뒤에 놓인 꽃이 담긴 깡통을 보았어요. 브렛의 눈빛이 반짝이더니 깡통을 움켜쥐었어요.

브렛은 정신없이 깡통에서 은화를 꺼내느라 인사이클로피디아가 테일러 경찰관에게 신호를 보내는 것도 몰랐어요. 테일러 경찰관이 브렛의 손에 수갑을 채웠어요.

브렛이 도둑이라는 증거는 무엇이었을까요?

◐ 81쪽에 해결이 있어요.

들꽃에는 무엇이 있나요?

들꽃에 대하여

스텔라는 들꽃을 꺾어 집으로 돌아가는 길에 뒤에서 뛰어오는 남자아이와 부딪쳤대요.

우리나라는 사계절이 뚜렷하여 계절마다 다양한 들꽃을 볼 수 있습니다. 봄에 피는 대표적인 들꽃으로는 민들레와 복수초가 있습니다. 우리나라에서 볼 수 있는 민들레는 우리나라 토종인 '민들레', 서양에서 들여온 '서양민들레', 산에서 볼 수 있는 '산민들레', 흰색 꽃이 피는 '흰민들레'가 있어요. 도시 풀밭에서 볼 수 있는 민들레는 대개 '서양민들레'이고, 토종 민들레는 농촌 풀밭에서 볼 수 있어요.

보통 민들레는 4~5월에 피는데 꽃잎은 5개, 수술도 5개, 암술은 1개이고, 꽃의 크기는 3~4센티미터예요.

복수초는 3~4월에 피지만 구정 무렵 눈 속에서 피어나기도 해요. 꽃은 3~4센티미터 정도 크기이고, 1~3송이가 달리는데 꽃잎은 20~30개, 꽃받침은 5장

민들레

복수초

이상이에요.

　여름에 피는 대표적인 들꽃으로는 곰취와 삼백초가 있습니다. 곰취는 이른 봄에 꽃보다 잎이 먼저 올라오는 꽃으로, 꽃대 끝에서 노란색 꽃이 달려요. 꽃의 크기는 5센티미터 정도예요.

　동자꽃은 석죽과에 속하며 주홍빛을 가진 색깔이 선명한 꽃입니다. 잎 모양은 타원형이며 잎의 크기는 손가락 길이 정도가 되지요.

곰취

동자꽃

과학 솔루션

코스모스　　　　　　　구절초

　가을에 피는 대표적인 들꽃으로는 코스모스와 구절초가 있습니다. 코스모스는 국화과에 속하며 줄기는 높이가 1~2미터이고 윗부분에서 가지가 갈라지며 털이 없지요. 잎은 마주나기로 나요. 구절초는 국화과에 속하며 9~11월에 볼 수 있어요. 줄기나 가지 끝에서 지름이 4~6센티미터의 연한 홍색 또는 흰색의 꽃이 한 송이씩 핍니다. 꽃의 모양은 긴 타원형이고 갈색을 나타내지요. 구절초의 줄기와 잎은 말려서 한약재로도 사용하고 있습니다.

정답

　학교를 비롯하여 우리 주변에는 많은 식물들이 있습니다. 우리는 계절마다 다양한 들꽃을 볼 수 있지요. 각 계절마다 대표적인 꽃이 있는데, 봄에는 민들레, 붓꽃, 복수초를, 여름에는 곰취, 삼백초, 동자꽃을, 가을에는 코스모스, 구절초를 만날 수 있습니다. 이 밖에도 수많은 종류의 들꽃을 우리나라 곳곳에서 볼 수 있습니다.

사건의 해결 — 깡통 꽃병의 진실 편

  브렛은 50센트 은화를 되찾으려고 스텔라의 집을 찾아왔다. 스텔라는 브렛에게 "깡통 속에 숨겨 두었어." 라고 말했다. 곧바로 브렛은 꽃이 담긴 꽃병 안을 들여다보았고, 그것이 브렛의 실수였다.

  스텔라의 말은, 길목에서 스텔라와 부딪쳐 꽃병 속으로 동전이 들어갔다는 사실을 아는 도둑만이 알아들을 수 있던 것!

  브렛이 은화 도둑이 아니었다면 깡통 꽃병이 아니라 스텔라가 든 밀가루 깡통을 들여다보았을 것이다.

  브렛은 사실대로 털어놓았다. 집집마다 방문해 물건을 팔면서 초인종을 눌러 대답이 없을 때마다 그 집에 들어가 값나가는 것을 훔쳤다고 했다.

도둑으로 몰린 솔 아저씨

저녁 식탁에서 브라운 부인이 말했어요.

"당신 표정이 중요한 사건을 해결했다고 말해 주는군요."

브라운 경찰서장이 숟가락을 내려놓으며 온화한 미소를 지었어요.

"지난주 글렌 시에서 발생한 페어차일드 집의 보석 도난 사건을 기억하오?"

"팔아 봤자 제값도 못 받는 보석이지만 그 집에선 무척 소중히 여기는 거라며 매우 싱심했다고 들었어요."

브라운 부인이 말했어요.

"그렇소, 페어차일드 씨는 값이 안 나가는 걸 알고 도둑이

행여나 그 보석을 버릴까 봐 걱정을 했다오. 그래서 보석을 돌려주면 아무것도 묻지 않고 5천 달러를 주겠다고 제안을 했소."

브라운 경찰서장이 말했어요.

"말도 안 돼요, 아빠. 도둑이 훔친 보석을 돌려주는 것으로 5천 달러를 받다니요!"

인사이클로피디아가 말했어요.

"도둑은 돌려주지 않았단다. 하지만 얼 코플린이 해변 승마 길에서 도둑을 보았단다. 얼이 보상금을 받을 게다."

브라운 경찰서장이 탐정의 말을 바로잡았어요.

"도둑이 누구인가요?"

브라운 부인이 물었어요.

"솔 쉬와츠라오. 그 사람을 체포할 수밖에 없었소."

브라운 경찰서장이 말했어요.

인사이클로피디아는 믿을 수가 없었어요. 솔은 다부진 체격에 친절한 사람이었거든요. 솔은 아이다빌 승마 학교를 운영하면서 승마 교습을 담당했는데, 말을 타고 달리는 모습이 참 멋있었지요.

"믿겨지지 않아요, 솔 아저씨가 도둑이라니."

"그 사람의 방에서 도난당했던 보석의 일부가 나왔단다. 한 쌍의 커프스(와이셔츠나 블라우스의 소맷부리) 단추였지. 안됐어……. 나도 너와 같은 심정이란다."

브라운 경찰서장이 말했어요.

"솔이 그럴 사람이 아니라고 느끼면서 왜 그 사람을 체포하셨어요?"

브라운 부인이 물었어요.

"그 커프스 단추가 꼼짝 못할 증거였소. 게다가 증인도 있었고, 얼 코플린 말이요."

브라운 경찰서장이 말했어요.

"얼이 본 게 뭔가요?"

브라운 부인이 물었어요.

브라운 경찰서장은 재킷 안쪽 주머니에서 작은 수첩을 꺼냈어요. 그리고 얼 코플린의 증언을 적어 둔 부분을 찾아 읽어 주었어요.

"어제 저는 보트를 타고 낚시를 하러 갔어요. 해안에서 수백 야드 떨어진 곳에 닻을 내리고 있었는데 해변 승마 길에서 말을 타는 사람을 보았어요."

브라운 경찰서장은 읽던 것을 멈추고 아내와 탐정을 번갈아 가며 쳐다보았어요. 그리고 설명을 덧붙였어요.
"해변 승마 길은 폭이 6피트 정도밖에 안 되는 길이지. 바다를 끼고 절벽 중간까지 죽 이어져 있단다."
그런 다음 수첩을 보고 다시 읽었어요.

"저는 말을 타고 달리는 모습을 자세히 보려고 망원경을 꺼냈어요. 제가 망원경으로 봤을 때는 말을 멈춰 세웠지요. 말은 종 모양의 커다란 검은 얼룩이 있었죠. 말을 타고 있던 사람이 말에서 내렸는데 제 쪽으로 등을 돌리고 있어서 얼굴은 볼 수 없었어요. 하지만 등판에 '아이다빌 승마 학교'라고 써 있었어요. 절벽에 있는 조그마한 동굴로 들어간 사람이 나올 때 보니까 솔 쉬와츠였어요. 그 사람은 주위를 두리번거리더니 다시 말을 타고 재빨리 사라졌어요. 호기심이 생긴 저는 보트를 해안가에 댄 후 솔 쉬와츠가 나온 동굴로 들어가 봤어요. 그리고 동굴 안 바위 밑에서 보석이 가득 든 자루를 찾아냈죠. 저는 곧바로 경찰에 신고했어요."

"우리도 그 동굴을 살펴보았단다."
브라운 경찰서장이 말했어요.
"자루 속에 든 보석들은 페어차일드 씨 댁에서 잃어버린 보석 목록들과 일치했지. 그런데 커프스 단추만 안 보였단다. 영장을 들고 가 솔의 집을 수색했지. 안방의 옷 서랍장에 그 커프스 단추를 발견했단다."
"솔이 자백했나요?"
브라운 부인이 물었어요.
"아니, 처음 보는 커프스 단추라고 했다오."
브라운 경찰서장이 말했어요.
인사이클로피디아는 아무 말 없이 앉아 있었어요. 솔은 언제나 등판에 '아이다빌 승마 학교'라고 새겨진 셔츠를 입고 있었어요.
종 모양의 커다란 검은색 얼룩이 있는, 흰색과 검은색 반반인 말은 해프-해프였어요. 솔 아저씨만 나는 말이었죠.
23년이나 산 해프-해프는 말로 치면 늙은 말이에요. 나이를 먹어 가면서 왼쪽 옆구리는 검은 얼룩들이 벗겨져 완전히 흰색이었어요. 하지만 얼 코플린이 보았다는 쪽은 검은 얼룩들이 남아 있는 오른쪽이었어요.

솔은 일주일에 두 번씩 해프-해프를 타고 해변 승마 길을 따라 달린 후 숲을 통과해 승마 학교로 돌아왔어요. 아이다빌 시에 사는 사람이라면 솔이 해프-해프를 타고 승마하는 모습을 한번쯤은 본 적이 있을 거예요. 정말 멋진 모습이지요!

"얼이 보았던 대로 솔은 해변 승마 길에서 말을 탔더구나. 하지만 말에서 내리지는 않았다고 하더구나. 보석 도난 사건도 모르는 일이라고 주장한단다."

브라운 경찰서장이 말했어요.

"얼이 보석을 그 작은 동굴에 숨겼을 수도 있잖아요. 커프스 단추도 솔의 안방에 몰래 들어가 옷 서랍장에다 넣어 놓은 다음 시치미를 떼고 신고했을지도 모르고요."

브라운 부인이 지적했어요.

"얼이 솔에게 죄를 뒤집어씌우려 한다고 생각하는 거요?"

브라운 경찰서장이 물었어요.

"얼 코플린이 진짜 도둑이라면 분명히 다른 사람에게 죄를 뒤집어씌우려 할 거예요. 그런 다음 5천 달러의 보상금을 받으려 하겠죠."

브라운 부인이 말했어요.

"나도 그렇게 생각했다오. 하지만 솔에게는 페어차일드 씨 댁에서 보석들이 없어지던 때의 알리바이가 없었소. 솔은 그때 말을 타고 있었다고 하지만 유감스럽게도 그걸 본 사람이 아무도 없다는 거요."

브라운 경찰서장이 말했어요.

"솔 아저씨가 범인일 리 없어요. 얼 코플린의 이야기가 뭔가 잘못됐다고요."

인사이클로피디아가 말했어요.

잠시 눈을 감은 인사이클로피디아는 생각에 잠겼어요. 어려운 문제를 생각할 때면 항상 나오는 버릇이었지요.

"얼 말고 다른 증인은 없나요?"

브라운 부인이 말했어요.

갑자기 두 눈을 번쩍 뜬 인시이클로피디아가 말했어요.

"바로 그거예요, 엄마! 솔 아저씨에게 다른 증인이 있어요,

바로 해프-해프요!"

얼 코플린의 말에서 그가 범인이라는 걸 알려 주는 부분은 어디일까요? ◐ 95쪽에 해결이 있어요.

과학 솔루션

백마는
어떻게 태어나나요?

흰색 동물들

종 모양의 커다란 검은색 얼룩이 있는, 흰색과 검은색 반반인 말은 해프-해프였어요.

여러분은 동물들 중에서 특이한 색깔을 나타내는 동물을 본 적이 있을 것입니다. 특히 흰색을 나타내는 동물들은 다른 동물에 비하여 좋은 의미를 지녔다고 하여 좋게 말하는 경향이 있습니다. 예를 들면 백호나 백마 같은 경우는 보통 그렇게 여겨지고 있지요.

하지만 자연계에서는 특이한 색깔을 나타내는 동물은 살아가기 어렵습니다. 그 이유는 다른 동물과 다른 몸 색깔로 인해 금방 눈에 띄어 먹잇감을 구하기 쉽지 않기 때문입니다.

우리나라에도 있는 백호는 흰색의 털을 가진 호랑이로 우리나라를 비롯한 동양권에서는 신화나 민화에 등장하는 상상의 동물입니다. 하지만 백호는 실존하는 동물로, 돌연변이로 인하여 색깔이 변하여 태어난 것으로 보고 있습니다. 현재까지 백호가 태어나는 이유로는 원래 호랑이 가죽은 황갈색 바탕에 검은 줄무늬가 보통인데 털 색깔을 나타내는 유전자 중에서 일부의 열성 유전자인 흰색이 나타나 태어난다고 합니다. 하지만 야생의 백호는 흰색 때문에 제대로 성장하기 어렵다고 하지요.

백호

백마도 백호와 같은 흰색의 독특한 색깔을 나타냅니다. 원래 말의 색깔은 갈색, 검은색, 회색 등이 대부분입니다. 그런데 이렇게 흰색 말이 태어난다는 것은 분명 이상하지요. 말이 흰색이 되는 이유는 크게 두 가지로 보고 있습니다. 첫 번째는 백호와 같은 경우로 돌연변이에 의한 것이지요.

두 번째는 회색 말이 노화에 의하여 흰색으로 변한다는 것입니다. 실제로 회색 말은 평균적으로 6~7세만 되면 흰색이 나타나기 시작하는데 거의 10세가 되면 완전히 흰색으로 변한다고 하지요.

이 밖에도 흰색을 나타내는 동물들은 많습니다. 백사자, 흰까치 등이 있지요. 하지만 이러한 동물

백마

들은 겉보기에는 멋있게 보일지는 모르겠지만 자연에서는 그렇게 좋지 못합니다. 눈에 띄는 색으로 인해 먹이를 구할 때 불리할 수 있기 때문입니다.

사건을 해결하는 데 도움을 준 과학 지식은 무엇일까?

우리는 눈으로 보는 각도에 따라 물체가 다르게 보이는 경험을 해 본 적이 있을 것입니다. 특히 좌우가 다른 경우에는 혼동을 일으키기 쉽지요. 여기에서도 해프-해프가 그런 오해를 일으킬 수 있는 조건을 갖추고 있습니다. 다시 말해 말이 한쪽이 검은색이고 다른 쪽이 흰색이므로 보는 방향에 따라 색깔이 다르게 보일 수 있지요. 여기서도 진짜 도둑인 얼은 솔에게 누명을 씌우기 위하여 자신이 본 쪽만 설명한 것입니다. 하지만 사람들이 말을 타고 내릴 때는 왼쪽을 이용하므로 그의 거짓말이 들통 난 것이지요.

정답

대부분의 말 색깔은 갈색이나 흑색이어야 하는데, 종종 백마가 태어나는 경우가 있습니다. 백마의 탄생은 돌연변이에 의해서거나, 회색이었던 말이 노화에 의해 하얗게 변한 것이라는 의견이 있습니다. 이렇게 백마는 다른 말과는 다른 독특한 말입니다.

사건의 해결: 도둑으로 몰린 솔 아저씨 편

진짜 도둑인 얼은 솔이 해프-해프를 타고 해안 승마 길을 달리는 모습을 보고서 솔에게 도둑 누명을 씌우기로 마음먹었다. 얼은 말의 모습을 자신이 볼 수 있었던 쪽, 즉 검은색 종 모양의 얼룩이 있는 쪽만 설명했다. 그리고 솔이 말에서 내릴 때 옷 등판에 '아이다빌 승마 학교'라고 적힌 것을 보았다고 했다. 따라서 얼의 이야기에 따르면 솔은 말의 오른쪽으로 내린 셈이 된다. 말의 왼쪽은 온통 흰색이었던 것을 기억하는가?

그런데 말을 타는 사람들은 말의 왼쪽으로 타고 내리지 오른쪽으로는 타고 내리지 않는다. 얼은 페어차일드 씨 댁의 보석 도난 사건의 범인으로 감옥에 가게 되었다.

사과 사이다로 밝혀진 범인

　버스터 와일드는 아이다빌 소년 풋볼 리그 우승팀인 웨스트사이드 미제츠 팀의 스타였어요. 경기 일정이 없는 때에는 어디를 가든 풋볼 헬멧을 가져갔어요. 틈만 나면 머리를 단련하기 위해서였지요.
　버스터가 머리를 단련하는 방법은 참 독특했어요. 주변에 있는 나무로 돌진해 박치기를 했거든요. 그래서 헬멧을 쓴 버스터가 근처에 있는 나무로 돌진해 박치기를 하는 건 이상한 일이 아니었어요.
　그런데 버스터가 브라운 탐정사무소에 들른 날에는 헬멧을 쓰고 있지 않았어요. 대신 새 한 마리를 가슴팍에 조심스레

들고 왔어요.

버스터가 새를 인사이클로피디아 앞의 책상에 올려놓으며 말했어요.

"이것 좀 봐."

인사이클로피디아가 말했어요.

"황여새네. 이 새들은 여름이면 북쪽으로 이동하는데, 아이다빌 시를 지나서 가지. 그런데 이 새가 어쨌는데?"

새를 손가락으로 가볍게 민 버스터가 말했어요.

"직접 봐."

새는 두어 발자국 앞으로 가다가 폭 고꾸라졌어요.

샐리가 소스라치며 말했어요.

"다쳤잖아, 가엾어라!"

버스터가 말했어요.

"아니야, 술에 취했어."

버스타의 말에 인사이클로피디아는 새의 부리에 코를 대고 냄새를 맡았어요.

인사이클로피디아가 믿기지 않는 표정으로 말했어요.

"네 말대로야. 정말 술 냄새가 나."

버스터가 술에 취한 새를 발견하게 된 이야기를 했어요. 버스터는 할머니 집으로 가는 길에 새를 발견했대요.

"우리 할머니는 내가 풋볼 하는 걸 못마땅해하셔. 그래서 할머니 집에 갈 때는 헬멧을 쓰지 않아. 그런데 할머니 집으로 가는 길에 엄청나게 큰 떡갈나무가 있는 거야. 그래서 박치기 훈련도 할 겸 떡갈나무에 머리를 부딪쳐 봤어."

깜짝 놀란 샐리가 말했어요.

"헬멧도 쓰지 않은 맨머리로 말이야?"

버스터가 말했어요.

"그래, 헬멧을 쓰지 않을 때 내 머리가 얼마나 단단한지 궁금하기도 했고."

어쨌든 버스터는 궁금증을 풀었어요. 박치기가 끝난 뒤 버스터는 세상이 빙빙 도는 것 같았지만, 나무는 꿈쩍도 안 했대요.

잠시 해롱거리던 버스터는 나무 주위로 새들이 떨어진 것을 보고 깜짝 놀랐대요.

"처음엔 내 머리가 아직도 빙빙 도는 건가 싶었어. 그런데 해롱거리는 건 내가 아니라 새들이더라고. 어찌나 취했던지

앞을 못 보더라니까."

버스터가 말했어요.

"내 눈으로 보고 싶어."

인사이클로피디아가 말했어요.

샐리는 새가 정신을 차리도록 햇빛이 잘 드는 곳에 두었어요. 그리고 셋은 자전거를 타고 희한한 일이 벌어지는 곳으로 향했어요.

한참 후 버스터가 하얀 집 뒤에 있는 큰 뜰을 가리켰어요. 뜰에는 나무들이 우거지고 덤불들이 무성했어요.

버스타가 말했어요.

"네 눈으로 직접 봐."

버스터가 말한 대로 수십 마리의 새들이 이상한 행동을 하고 있었어요. 눈으로 보기 전에는 절대로 믿을 수 없는 광경이었지요.

몇몇 새들은 나뭇가지에 제대로 앉아 있지 못해 땅바닥으로 떨어졌고, 또 몇몇 새들은 나무 주위로 이리저리 파닥거리며 날려고 하지만 제대로 날지 못했어요. 대부분의 새들은 땅바닥에서 널브러진 채 날아오르지도 못했고요. 참으로 안쓰

러운 모습이었지요.

인사이클로피디아는 새들 사이를 조심스럽게 다니며 새들과 덤불들을 살폈어요. 이상하게도 덤불에서 떨어진 열매는 눈을 씻고 봐도 없었어요. 나무에 달려 있는 열매들은 아직 익지 않은 것들뿐이었고요.

뜰을 둘러보던 인사이클로피디아의 눈에 나뭇가지에 매달아 놓은 새 모이통이 보였어요. 모이통에는 나무 열매들이 가득 담겨 있었어요. 인사이클로피디아는 새 모이통을 자세히 살폈어요.

인사이클로피디아가 얼굴을 찌푸렸어요.

"열매들이 발효됐잖아."

버스터가 물었어요.

"발효라니, 그게 뭐야?"

"사과, 포도, 나무 열매들이 너무 익으면 발생하는 현상이야. 예를 들면, 사과 사이다가 발효되면 사과 와인으로 변해. 설탕 성분이 알코올로 변하는 거야. 그 알코올을 먹으면 취하는 거지."

인사이클로피디아가 설명했어요.

"네 말은 누군가 새들을 취하게 하려고 발효된 나무 열매들을 새 모이통에 담아 두었다는 거니?"

샐리가 물었어요.

"누군가가 익은 열매들을 모아 두었다가 발효된 뒤에 모이통에 담아 놓았어."

인사이클로피디아가 말했어요.

"모이를 먹으러 온 새들을 취하게 됐군. 사람이 술을 너무 마시면 취하는 것처럼 말이지. 너무해!"

샐리가 말했어요.

"저 헛간에 발효된 열매들이 저장되어 있을지도 몰라."

버스터가 말했어요.

"너희들 뭐야! 우리 집 뜰에서 뭐하는 거야?"

뜰 한켠에 있던 작은 문에서 나오던 칼 히켄스바텀이 소리쳤어요.

난데없는 큰 목소리에 인사이클로피디아와 샐리, 버스타는 깜짝 놀랐어요.

목소리의 주인공은 칼이었어요. 호랑이 클럽 회원 중 한 명이었지요.

"네가 가엾은 새들한테 무슨 짓을 했는지 다 알아. 경찰에 신고할 거야."

샐리가 맞받아쳤어요.

"얘가 지금 무슨 헛소리를 하는 거야?"

칼이 말했어요.

"시치미 떼지 마. 문제의 열매들이 있는 헛간이나 여시지."

샐리가 말했어요.

"너, 머리가 어떻게 된 거 아니야? 헛간에 아무도 안 들어간 지 반년이나 되었다구. 정 봐야겠다면야, 뭐……."

칼이 조롱하듯 말했어요.

칼은 주머니에서 열쇠 뭉치를 꺼내 헛간 문을 열었어요. 헛간 안에는 책상 하나와 의자 세 개가 있었어요. 열려 있는 창문 위쪽 선반에는 사과 사이다가 반쯤 들어 있는 유리병과 양초 한 개, 성냥갑들이 나란히 놓여 있었어요.

칼이 말했어요.

"지붕이 샜지만 작년에 잔디 깎는 기계를 여기다 보관했어. 그리고 올봄 우리 클럽 하우스를 고치는 동안 잠시나마 이곳을 썼지."

버스터가 소곤거렸어요.

"인사이클로피디아, 나무 열매는 하나도 안 보이는데? 우리가 잘못 짚었나 봐."

칼이 씩 웃으며 비아냥거렸어요.

"뭘 제대로 알고 그래야지. 하지만 이 세상에 완벽한 사람은 없으니까."

칼은 집으로 들어가 도넛이 든 봉지와 종이컵 네 개를 들고 나왔어요. 그리고 도넛을 나누어 주었지요. 종이컵에는 헛간 선반에 있던 사과 사이다를 따라 주었어요.

"우리를 지금 이것으로 매수하려는 거지?"

버스터가 도넛을 한 입 베어 물며 말했어요. 아무렇지도 않다는 듯 사과 사이다도 마셨어요.

칼이 말했어요.

"언짢게 할 생각은 없어."

샐리가 인사이클로피디아에게 말했어요.

"칼이 거짓말한다는 걸 밝힐 수는 없어?"

인사이클로피아는 조용히 도넛과 사과를 먹었어요. 맛을 음미한 탐정이 말했어요.

"증거는 벌써 나왔어."

무엇이 증거였을까요? ◎ 109쪽에 해결이 있어요.

과학 솔루션

발효란 무엇인가요?

발효에 대하여

"사과, 포도, 나무 열매들이 너무 익으면 발생하는 현상이야. 예를 들면, 사과 사이다가 발효되면 사과 와인으로 변해."

김치, 된장, 젓갈, 치즈, 요구르트 등은 유산균이나 효모균과 같은 작은 생물을 이용한 발효 음식입니다. 이러한 발효 음식은 겉으로 보기에는 좋지 않는 것처럼 보이지만 아주 유용한 음식이지요. 보통 발효란 효모나 세균 따위의 미생물이 작용을 해서 사람에게 쓸모 있는 물질을 만들어 내는 과정을 말해요. 이 과정은 어떻게 보면 부패와 비슷해 보이지만 발효로 만들어진 음식은 유용한 것이 많은 반면에 부패는 그렇지 않다는 것이지요.

발효가 일어나는 과정에는 반드시 필요한 것이 있습니다. 그것은 산소의 차단이지요. 발효가 일어나기 위해서는 외부로부터 산소의 공급이 있어서는 안 됩니다. 산소가 공급되지 않는 상태에서 무산소 호흡을 하는 미생물들이 유기 물질을 분해하면서 다른 종류의 유기 물질을 만들어 내게 되지요. 이것이 바로 발효라는 과정입니다. 이러한 발효로 만들어지는 대표적인 것이 술을 만드는 알코올 발효와 요구르트와 치즈를 만드는 젖산 발효입니다.

알코올이 만들어지는 알코올 발효의 과정은 포도당과 같은 당분에 효모라는 미생물을 넣고 잘 밀봉을 하면 효모가 포도당을 분해하면서 에탄올을 만들어 내게 됩니다. 이때 밀봉을 하기 때문에 외부로부터 산소의 유입이 전혀 없으므로 효모는 어쩔 수 없이 무산소 호흡을 하게 되어 발효가 일어날 수 있는 것입니다. 이렇게 이루어지는 반응이 바로 알코올 발효이지요. 이런 과정을 거쳐 만들어진 것이 우리나라의 전통 술인 막걸리입니다. 다른 나라의 맥주나 포도주도 이런 과정을 거쳐 만들어집니다.

발효로 만들어진 막걸리

비슷한 것으로 젖산 발효가 있습니다. 젖산 발효는 알코올 발효와 마찬가지로 포도당과 같은 당분에 미생물인 젖산균을 넣으면 일어나는 반응

발효로 만들어진 요구르트

과학 솔루션

입니다. 여기에서도 마찬가지로 산소의 공급이 없어야 하며, 이 과정을 거쳐 만들어진 것이 바로 요구르트와 치즈랍니다.

신기하게도 젖산 발효는 사람의 몸속에서도 일어납니다. 우리가 흔히 심하게 운동을 하여 다리에 알이 배긴다고 하는 것이 이것이지요. 이처럼 다리 근육에 충분한 산소가 공급되지 않을 때 우리 몸에서도 젖산 발효가 일어난답니다.

사건을 해결하는 데 도움을 준 과학 지식은 무엇일까?

우리 주변의 음식들 중에는 발효로 만들어진 것이 많습니다. 여기서 칼은 아이들에게 환심을 사기 위하여 사과 사이다를 건넸는데 이것이 그의 치명적인 실수가 되었지요. 왜냐하면 반년 만에 뚜껑을 열었다고 한다면 그 사과 사이다가 멀쩡할 수 없기 때문입니다. 분명 산화가 일어나 신맛이 나야 했으니까요. 이렇게 칼의 거짓말은 들통이 난 것이지요.

정답

우리 주변에는 발효로 만들어진 음식이 많습니다. 발효가 일어나기 위해서는 반드시 지켜져야 하는 조건이 있지요. 그것은 반응할 때 산소의 공급이 없어야 한다는 것입니다. 발효는 산소의 공급이 없는 상태에서 일어나는 대표적인 화학 반응입니다. 이렇게 만들어지는 발효 음식은 김치, 된장, 젓갈, 치즈, 요구르트 등이 있습니다.

사과 사이다로 밝혀진 범인 편

 칼 말대로 헛간에 발효된 나무 열매는 없었다. 그날 아침에 모두 모이통으로 옮겨 담아 놓았으니까. 그런 다음 바닥을 쓸고 발효 냄새가 사라지도록 창문을 열어 두었다. 그런데도 계속해서 자신이 결백하다고 알리고 싶었다. 그래서 "헛간에 아무도 안 들어간 지 반년이나 되었다구."라고 말했다.
 세 아이들의 환심을 사기 위해서 칼은 도넛과 헛간 선반의 유리병에 반쯤 들어 있던 사과 사이다를 내왔다. 그것이 칼의 실수였다! 병에 담겨 있던 사과 사이다는 이미 뚜껑을 한 번 열었던 것이다. 만약 칼 말대로 반년 만에 연 거라면 맛이 시큼해야 하는데 달콤했으니까!
 결국 칼은 자신의 잘못을 털어놓았다. 그리고 다시는 발효된 열매로 새들을 취하게 하지 않겠다고 약속했다.

감쪽같이 사라진 2달러

브라운 사설탐정소에 들어온 섬너 핀클푸트가 소리쳤어요.
"1달러 사용을 반대한다!"
깜짝 놀란 인사이클로피디아가 물었어요.
"섬너구나! 1달러가 뭘 어쨌는데?"
섬너가 대답했어요.
"1달러가 잘못했다기보다는 토머스 제퍼슨의 대접 때문에 기분이 나빠."
토머스 제퍼슨은 미국의 제3대 대통령으로 섬너에게는 영웅이었어요. 힌빈은 섬너에게 아빠가 달라진 모습을 보고 싶다고 하니까 섬너는 토머스 제퍼슨이 새겨진 5센트 동전 5개를 꿀꺽 삼켜 버렸지 뭐예요.

인사이클로피디아가 물었어요.

"1달러와 제퍼슨이 무슨 상관인데?"

"제퍼슨이 무시당했잖아! 1달러에 있는 인물이 조지 워싱턴이라는 건 다들 알아. 하지만 2달러에 있는 인물이 누군지 아는 사람은 얼마나 될까?"

"토머스 제퍼슨이잖아."

"에이, 너를 누가 당하냐? 2달러 자체를 도통 볼 수가 없으니 다른 사람들은 모를 수밖에 없어. 모두들 1달러만 이용하잖아. 내가 바로잡아 놓을 거야."

인사이클로피디아가 물었어요.

"우리 지역구 의원한테 편지라도 쓸 생각이니?"

"워싱턴의 모든 의원들한테 편지를 보낼 거야. 이런 일이 너한테 생기면 너는 가만있겠냐?"

인사이클로피디아가 감탄하며 말했어요.

"제퍼슨 대통령이 널 보면 흐뭇하겠다."

섬녀가 말했어요.

"난 2달러가 더 많이 만들어져서 널리 사용되길 바랄 뿐이야. 1달러를 어디에 쓰냐? 요즘 1달러로 살 수 있는 게 하나도 없는데."

인사이클로피디아가 말했어요.

"네 말이 맞아. 나도 너처럼……."

섬너가 탐정의 말을 막더니 25센트를 탐정 옆에 놓았어요.

"잠깐! 네 도움이 필요해. 워싱턴에 있는 의원들 이름하고 주소를 알아봐 줘."

인사이클로피디아는 25센트를 섬너에게 돌려주었어요.

"비용은 안 받을게. 그렇잖아도 오늘 도서관에 가려고 했거든. 함께 찾아보자."

도서관으로 가는 길에 섬너가 자신의 희망을 들려주었어요. 2달러가 1달러만큼 흔하게 되어, 사람들이 2달러도 1달러처럼 쓰게 되는 거였지요!

도서관에서 인사이클로피디아는 참고 문헌 열람실로 갔어요. 그리고 『의회의 구성원들』이란 책을 신청했어요.

사서인 실버스 부인이 말했어요.

"조 먼선이 보고 있단다. 조가 다 보고 나야 네 차례가 되겠구나. 도서관 밖으로는 가져갈 수 없단다."

책들에 둘러싸인 조 먼선은 열람실 책상에서 혼자 책을 읽고 있었어요. 조의 앞에는 『의회의 구성원들』이 펼쳐져 있고, 조는 그걸 베껴 적고 있었어요.

섬너가 작은 소리로 선언하듯 말했어요.

"이젠 전쟁이야! 조는 율리시스 그랜트 대통령의 열성 팬이야. 50달러에 있는 그랜트 대통령의 초상이 1달러로 옮겨지기를 바라고 있어."

인사이클로피디아는 섬너를 격려해 주었어요.

"조의 희망은 너보다 갈 길이 더 머네!"

섬너가 말했어요.

"쥐새끼 같으니라고! 너한테 도움을 청할 거라고 이야기를 했거든. 아마 그 이야기를 듣자마자 여기로 달려왔을 거야. 쟤는 저 책을 종일 붙들고 있을걸? 내 편지보다 조의 편지가 워싱턴에 먼저 가면 어떡하지?"

인사이클로피디아가 말했어요.

"기다리는 일 말고는 별 수가 없어."

섬너가 말했어요.

"가만히 기다릴 수만은 없어. 조를 노려보고 있을 거야."

섬너는 의자에 앉아 조를 노려보았어요. 조가 고개를 들었어요. 노려보고 있는 섬너와 눈이 마주쳤지요. 조는 언짢은 듯 몸을 움츠렸어요.

인사이클로피디아는 결과가 어떨지 알고 있었지요. 섬너의 눈에 힘주고 똑바로 쳐다보기는 유명했거든요. 조는 섬너의 눈총을 오래 못 버티고 자리를 뜰 것이고, 섬너는 『의회의 구성원들』을 차지하게 되었어요.

한편, 인사이클로피디아가 할 일은 아무것도 없었어요. 그래서 탐정은 '새로 들어온 책들'이라고 표시된 책장으로 갔어요. 탐정이 책 세 권을 골랐을 때 섬너가 급하게 숨을 헐떡이며 다가왔어요.

섬너가 말했어요.

"조가 내 2달러를 숨겨 버렸어!"

"쉿!"

몇몇 어른들이 주의를 주었어요.

인사이클로피디아는 섬너를 밖으로 데리고 나갔어요. 흥분한 섬너가 이야기를 들려주었어요.

조가 섬너에게 2달러를 보여 달라고 했다는 거예요. 조의 말로는 50달러보다 2달러가 더 많이 사용된다는 것을 의회에 증명해 보이기 위해서 지폐의 일련번호를 베껴 적으려 한다는 것이었어요.

섬너가 말했어요.

"지폐를 내주다니, 내가 조를 너무 믿었어. 어림도 없다고 할걸."

조에게 지폐를 내준 뒤 섬너는 목이 말라 물을 마시러 갔대요. 도서관의 정수기가 고장나서 길 건너 주유소까지 걸어갔대요. 돌아와 보니 조가 사라지고 없더래요. 책상 위에는 조가 보고 있던 『의회의 구성원들』만 남아 있고요. 펼쳐져 있는 책 사이에는 쪽지가 꽂혀 있었는데, '섬너야, 2달러는 회색 책의 157쪽과 158쪽 사이에 끼워 두었어. 고마웠어. 조.'라고 적혀 있더래요.

섬너는 도서관에서 사서 보조로 일하는 클라이드 존스에게 물었대요. 클라이드의 말에 따르면, 조가 떠난 뒤 『의회의 구성원들』만 남기고 다른 책들은 다 치웠다는 것이었어요. 펼쳐져 있는 책들은 문 닫을 시간이 될 때까지 그대로 놔두어야 한대요. 그리고 책상에 있던 다른 책들은 책 수레에 담아 책꽂이로 날라 다시 꽂아 두었대요. 조가 말한 회색 책도 있었다고 했는데 어느 책꽂이에 꽂았는지는 기억이 안 난다는 것이었어요.

"노려봤다가 멋지게 한 방 먹었어. 정말 치사해. 회색 책이라니! 도서관에 그런 책이 얼마나 많은데! 수천 권은 될걸? 내 2달러를 찾으려면 며칠이 걸리게 될 판이잖아!"

섬너가 볼멘소리를 했어요.

"진정해. 그 책이 어디 있는지는 내가 알아."

인사이클로피디아가 말했어요.

인사이클로피디아는 어떻게 알았을까요?

○ 121쪽에 해결이 있어요.

과 학 솔 루 션

우리가 사용하는 지폐는 종이로 만드나요?

지폐 속에 숨은 과학

조의 말로는 50달러보다 2달러가 더 많이 사용된다는 것을 의회에 증명해 보이기 위해서 지폐의 일련번호를 베껴 적으려 한다는 것이었어요.

우리가 사용하는 화폐는 주로 지폐로 만들어진 것입니다. 하지만 여기에서 우리가 착각하면 안 되는 것은 지폐라고 해서 종이로만 만들어진다고 생각하면 오산입니다. 왜냐하면 지금 사용되는 지폐는 종이가 아니라 면으로 만들어져 있으니까요. 그 이유는 종이는 물에 젖을 경우 찢어지거나 훼손이 될 수도 있어 수명이 줄기 때문입니다.

지폐는 지폐의 도안 소재로 결정된 인물이나 그림의 밑그림을 그리고 이를 금속판에 새기는 조각 작업으로 이루어집니다. 그리고 이 작업과 함께 도안 설계에 첨단의 컴퓨터 그래픽 기술도 가미되며 위조를 막기 위한 첨단 위조방지 장치의 모양과 위치도 함께 만들어집니다. 이런 과정을 거쳐 완성된 각종 인쇄판은 1단계로 은행권의 문양 등 바탕 무늬를 입히며, 2단계로 주도

● 관련 과학 교과 3학년 1학기 1단원 – 우리 생활과 물질

2009년 6월 30일에 발행된 오만원권 지폐의 앞면

안 소재를 입히고, 마지막 3단계로 은행권의 기호와 번호, 인장이 인쇄됩니다. 요즘에는 위조를 방지하기 위하여 숨은그림이나 입체형 부분노출은선을 삽입한다고 하지요.

그렇다면 위조지폐를 구별하는 방법은 무엇일까요? 대표적인 것이 지폐를 만져 보고 기울여 보고 비추어 보는 것입니다. 만져 보는 경우에는 인물 초상, 문자와 숫자 등을 만지면 지폐의 표면에 오톨도톨한 감촉을 느낄 수 있습니다. 기울여 보는 경우에는 띠형 홀로그램이 보는 각도에 따라 숫자가 나타나는지 확인해 보거나 입체형 부분노출은선이 제대로 붙어 있는지 확인하면 됩

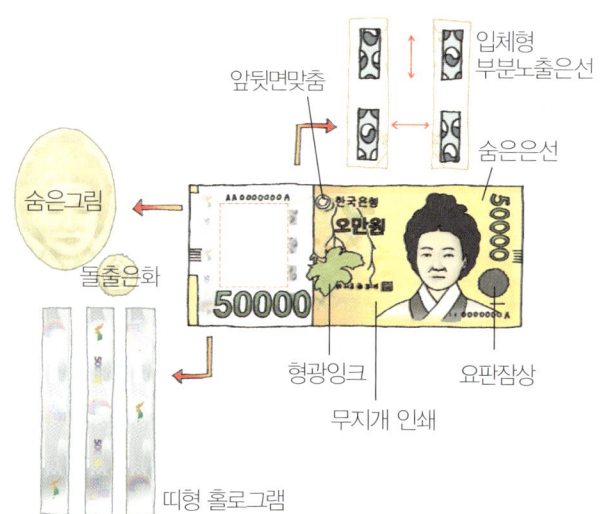

과학 솔루션

니다. 또, 색변환 잉크 부분을 기울여 숫자의 색깔이 변하는지 확인해 보면 됩니다. 비추어 보는 경우에는 그림 없는 부분을 빛에 비추어 인물이나 그림이 나타나는지 확인해 보면 됩니다. 이처럼 우리가 사용하는 지폐에는 보이지 않는 과학이 숨어 있습니다.

사건을 해결하는 데 도움을 준 과학 지식은 무엇일까?

책을 자세히 살펴보면 한 가지 공통점을 발견할 수 있습니다. 그것은 책의 페이지가 언제나 홀수와 짝수의 순으로 앞뒤를 이루고 있다는 것이지요. 따라서 같은 면은 짝수와 홀수로 이루어져 있게 됩니다. 그런데 여기에서 조는 클라이드에게 누명을 씌우기 위하여 2달러를 157쪽과 158쪽 사이에 끼워 두었다는 말을 했지요. 이것은 분명 거짓말입니다. 왜냐하면 책의 페이지에서 같은 면은 짝수와 홀수의 순이기 때문이지요. 따라서 158쪽과 159쪽이나 156쪽과 157쪽이라고 해야 맞는 것입니다.

정답

우리가 지금 사용하는 지폐는 종이가 아니라 면으로 만들어진 것입니다. 그 이유는 만약 종이로 지폐를 만든다면 물에 젖을 경우 찢어지거나 훼손이 될 위험이 있기 때문이고 이물질이 묻었을 때 문제가 될 수도 있지요. 따라서 지금 우리가 사용하는 지폐는 종이가 아니라 면으로 만들어져 있답니다.

감쪽같이 사라진 2달러 편

조는 인사이클로피디아가 서서 보조인 클라이드를 의심할 것이라고 생각했다. 조가 섬녀에게 남겨 둔 쪽지를 읽은 클라이드가 책상에 있는 회색 책에서 2달러 지폐를 빼갔을 것이라고.

하지만 인사이클로피디아는 다르게 생각했다. 소년 탐정은 섬녀가 물을 마시러 자리를 뜬 동안 클라이드가 책 수레를 밀고 돌아다니는 것을 보았기 때문에 조가 섬녀에게 쪽지를 남긴 후 주머니에 2달러를 챙겨 갔을 거라는 걸 알았다. 게다가 조는 한 가지 실수를 했다.

조는 2달러를 157쪽과 158쪽 사이에 끼워 두었다고 했는데, 그건 불가능한 일이다! 157쪽과 158쪽은 나란한 페이지가 아니라 서로 앞뒤를 이루는 페이지들이니까!

도끼를 망가뜨린 진짜 이유

토요일 아침, 인사이클로피디아는 친구들과 낚시를 하러 물방앗간 근처로 갔어요.

냇가에는 항상 어울려 노는 핑키 플러머, 허브 쉬타인, 베니 브레슬린, 팽스 리버라이트, 빌리 터너와 조디 터너 형제가 먼저 와 있었어요. 그런데 다들 백지장처럼 하얗게 질린 표정을 하고 있었어요.

베니 브레슬린이 볼멘소리로 말했어요.

"고기 떼가 몰려오는데 지렁이가 바닥났지 뭐야."

남자아이 하나가 야자나무 뒤에서 나오며 말했어요.

"지렁이라면 내가 찾아 줄게."

그 아이는 지렁이를 담았던 깡통을 집어 들며 말했어요.

"난 앰브로즈 바이닝이야. 잠시만 기다려 봐."

말을 마친 앰브로즈는 나무 사이로 사라졌어요.

앰브로즈의 행동에 당황한 인사이클로피디아와 친구들은 서로 얼굴만 쳐다보다가 곧 앰브로즈를 뒤따랐어요.

천천히 걷던 앰브로즈는 나무 막대기가 보일 때면 가던 길을 멈추고 가지고 있던 것과 찬찬히 비교해 보았어요. 그러고는 이미 가지고 있던 나무 막대기와 바꿨어요. 참 괴이한 행동이었지요.

앰브로즈는 한참을 걷고 또 걸었어요. 인사이클로피디아와 친구들은 그런 앰브로즈를 쫓아갔어요.

그늘지고 축축한 땅에 다다르자, 앰브로즈가 우뚝 멈춰섰어요. 빈 깡통을 땅에 내려놓은 후 무릎을 꿇고 앉은 앰브로즈는 나무 막대기로 땅을 헤집은 다음 땅을 쿵쿵쿵 두드렸어요.

베니 브레슬린이 말했어요.

"이상한 애네."

허브 쉬타인이 말했어요.

"가만있어 봐. 두드리는 걸 멈췄어."

잠시 후 앰브로즈가 쥔 막대기 주변으로 지렁이들이 꼬물거리며 올라왔어요. 앰브로즈는 지렁이들을 집어 깡통 안에 넣었어요. 그러고는 막대기로 다른 곳을 헤집어 댄 후 다시 두드려 댔어요.

나무 뒤에 숨어 있던 인사이클로피디아와 친구들은 앰브로즈가 하는 행동이 궁금해서 견딜 수가 없었어요. 그래서 지렁이를 끌어모으는 앰브로즈 곁으로 하나둘 모여들었어요.

호기심을 참지 못한 조디 터너가 물었어요.

"도대체 어떻게 한 거야? 그 나무 막대기로 무슨 재주를 피운 거야?"

앰브로즈가 말했어요.

"끌어낸 거야."

지렁이에 대해 잘 아는 앰브로즈가 설명했어요. 낮 시간에는 지렁이가 땅속에서 땅 위로 올라오지 않는대요. 그래서 지렁이를 모으려면 나무 막대기로 땅을 쑤시고 두드려야 한대요. 그렇게 땅을 흔들면 지렁이가 꾸물꾸물 땅 위로 올라온다는 거예요.

인사이클로피디아가 말했어요.

"그렇구나. 땅이 흔들리면 지렁이가 땅 위로 올라오는구나."

빌리 터너가 물었어요.

"다른 사람도 지렁이를 끌어내는 방법을 알아?"

"아는 사람은 많아. 다들 두드리는 방법이 다를 뿐이야. 사용하는 도구도 다르고. 도끼 자루나 나무 막대기를 이용하는 사람들도 있어. 뭐든 효과가 좋은 것이면 돼."

팽스 리버라이트는 깡통 속에서 꿈틀거리는 지렁이들을 물끄러미 바라보며 물었어요.

"이런 기술이 언제부터 있었던 거야?"

앰브로즈가 말했어요.

"내가 태어나기 전부터 있었어. 내일 글렌 시에서 '제1회 국제 지렁이 끌어내기 대회'가 열려. 나도 거기에 출전해."

인사이클로피디아와 친구들은 앰브로즈의 등을 두드려 주며 잘하라고 격려했어요. 인사이클로피디아는 그것으로 끝낼 수가 없었어요.

다음 날, 인사이클로피디아는 샐리와 함께 버스를 타고 글렌 시로 갔어요. 앰브로즈를 응원해 주려고 말이에요.

대회가 열리는 고등학교 운동장에는 수많은 사람들이 모여 북적거리고 있었어요.

인사이클로피디아와 샐리는 관중석 자리에 앉아 있는 앰브로즈를 보고 인사를 하러 갔어요. 그런데 앰브로즈는 금방이라도 울 것 같은 얼굴을 하고 있었어요.

앰브로즈가 말했어요.

"잠시 후면 대회가 시작되는데, 도구로 쓸 만한 것이 하나도 없어."

깜짝 놀란 샐리가 물었어요.

"말도 안 돼! 어쩌다 그렇게 됐어?"

앰브로즈가 말했어요.

"어제 내가 자주 쓰는 도끼 자루를 저스틴 로저스한테 빌려줬어. 저스틴 엄마도 이 대회에 참가하는데, 자기 엄마한테 내 도끼 자루를 한번 써 보게 하고 싶다고 했거든. 써 보면 대회를 위해 하나 사실 거라고."

샐리가 말했어요.

"그걸 빌려 줬어? 너도 참!"

앰브로즈가 걱정스럽게 말했어요.

"저스틴이 도끼 자루를 들고 나타나지 않으면 난 끝나. 그 도끼 자루가 없으면 제 실력을 발휘할 수 없다구."

갑자기 앰브로즈의 얼굴 표정이 밝아졌어요.

"저스틴이다."

앰브로즈가 바라본 곳에는 탐정보다 두세 살은 많아 보이는 남자아이 하나가 이쪽으로 서둘러 오고 있는 게 보였어요. 손에는 도끼 자루를 들고 있었지요. 그런데 두 동강이 난 상태였어요.

저스틴이 도끼 자루를 내밀며 어쩔 줄 몰라 했어요.

"미안해, 뭐라고 말해야 할 지 모르겠어. 어젯밤 차고에 있는 상자 옆에 도끼 자루를 세워 두었는데, 오늘 아침 그만 깜박 잊고 차를 후진시키다 부러뜨렸어."

인사이클로피디아가 물었어요.

"큰 소리가 났을 텐데. 아무 소리도 못 들었어?"

저스틴이 말했어요.

"라디오를 크게 틀어 놓았거든. 바퀴에 뭔가 걸린다고는 느꼈는데, 그냥 차고를 청소하는 호수인 줄 알았어. 앰브로즈, 믿어 줘, 이건 정말 사고였어. 미안해."

두 동강이 난 도끼 자루를 든 앰브로즈는 멍한 표정으로 우뚝 서 있었어요. 부러진 부분에는 자동차 바퀴자국이 선명하게 찍혀 있었고요.

대회 시작을 알리는 신호 소리가 널리 울려 퍼졌어요. 심사 위원장인 파디 씨가 참가자들을 경기장으로 불러 모으고 있었어요.

참가자들은 49명의 남성과 20명의 여성, 그리고 앰브로즈였어요. 미국의 30개 주와 외국의 7개국에서 참가한 사람들이었어요.

각 선수에게는 20제곱 피트의 땅이 주어졌어요. 우승자는 자신에게 주어진 땅에서 가장 많은 지렁이를 끌어모으는 사람이지요.

크게 실망한 앰브로즈가 말했어요.

"나는 이제 끝났어. 맨손 말고는 아무것도 없다니. 지렁이를 끌어내기는 다 틀렸어."

인사이클로피디아가 말했어요.

"아직 포기하기는 일러. 부러진 토막 중에서 긴 것으로 한 번 해 봐. 포기하지 마!"

앰브로즈가 탐정의 제안을 받아들였어요.

"그래, 내 맨손보다는 나을 거야."

앰브로즈는 경기가 진행되는 곳으로 터벅터벅 걸어갔어요.

시합을 알리는 총소리가 울렸어요. 경기가 시작되자 구경꾼들은 관중석에서 힘차게 응원을 했어요. 인사이클로피디아와 샐리도 앰브로즈를 응원했어요.

앰브로즈는 부러진 도끼 자루로 있는 힘껏 경기에 임했어요. 경기가 중반쯤 진행되었을 때는 엎치락뒤치락 막상막하의 실력을 겨루는 두 사람이 나왔어요.

바로 앰브로즈와 저스틴의 엄마였지요. 두 사람은 다른 사람들을 제치고 지렁이 끌어모으기에 열중했어요. 관중석도 두 사람을 지켜보며 열띤 응원을 보냈어요.

드디어 경기를 마치는 총소리가 울렸어요. 우승자는 저스틴 엄마였어요. 24마리의 지렁이를 끌어모았거든요. 앰브로즈는 23마리로 준우승자가 되었고요.

샐리가 안타깝다는 듯 물었어요.

"인사이클로피디아, 저스틴이 앰브로즈의 도끼 자루를 일부러 부러뜨렸다는 걸 밝혀낼 수 없겠니?"

탐정이 대답했어요.

"그런 것쯤은 식은 죽 먹기지."

인사이클로피디아는 저스틴의 거짓말을 어떻게 알아냈을까요?

◯ 135쪽에 해결이 있어요.

과학 솔루션

지령이는 어떤 동물인가요?

지렁이에 대하여

"지렁이라면 내가 찾아 줄게."
그 아이는 지렁이를 담았던 깡통을 집어 들며 말했어요.

    비가 온 뒤에 진흙 위를 꿈틀꿈틀 기어 다니는 지렁이를 보면 징그러울 거예요. 하지만 지렁이는 우리에게 많은 도움을 주는 생물입니다.

    암수가 하나인 지렁이는 몸 안에 생식기를 모두 가지고 있습니다. 하지만 자손을 번식시키는 산란기에는 두 마리가 서로 교미를 한다고 하지요.

    또, 몸의 구조는 긴 원통형으로 되어 있고 입과 항문이 있고 중간에 환대라는 것이 있습니다. 어떤 지렁이들은 몸이 둘로 잘라지더라도 다시 재생이 되어 두 마리의 개체가 되는 종류도 있다고 하지요.

    지렁이가 움직이는 모습을 관찰해 보면 참으로 특이합니다. 지렁이는 몸의 앞부분을 늘리면서 땅 위에 고정시킨 후 뒷부분을 끌어당기는 방법으로 이동을 합니다. 이것이 가능한 것은 지렁이 몸의 외벽에 있는 두 개의

●관련 과학 교과 3학년 1학기 3단원 – 동물의 한살이 / 5학년 1학기 4단원 – 작은 생물의 세계

근육을 이용하여 움직이기 때문입니다. 또 몸에는 강모가 있어서 미끄러지지 않고 이동할 수 있게 해 줍니다. 그 밖에 지렁이는 피부를 통하여 호흡을 하므로 언제나 피부가 축축히 젖어 있지요.

지렁이는 식물에게 아주 유용한 생물입니다. 그 이유는 바로 지렁이의 습성 때문이지요. 지렁이는 땅속으로 구멍을 파면서 그 속의 흙들을 먹고 배설을 합니다.

그 속에는 영양분이 많이 들어 있어 식물들이 잘 자라는 데 도움을 주지요. 아울러 지렁이가 땅속을 돌아다니면서 파 놓은 구멍들은 공기와 수분의 이동을 도와줘 더욱더 땅을 풍요롭게 만드는 데 도움을 주고 있습니다. 이렇게 지렁이는 식물의 성장과 생태계에 중요한 역할을 하지요.

최근에는 지렁이를 이용한 다양한 유기농법이 개발될 정도로 지렁이에 대한 관심이 높아지고 있습니다. 이처럼 지렁이는 정말 식물과 사람에게 참 소중한 존재입니다. 앞으로 지렁이를 좀 더 효율적으로 이용할 수 있는 노력이 필요합니다.

사건을 해결하는 데 도움을 준 과학 지식은 무엇일까?

도로에 새겨진 자동차 바퀴자국을 본 적 있나요? 이때 도로를 자세히 살펴보면 앞바퀴와 뒷바퀴가 모두 새겨지는 것이 원칙이지요. 저스틴은 사고로 도끼 자루 위를 자동차가 지나갔다고 했습니다. 그렇다면 도끼 자루에는 바퀴자국이 둘 다 있어야 합니다. 그런데 바퀴자국이 하나밖에 없다는 것은 이해가 되지 않습니다. 결국 저스틴이 일부러 도끼 자루를 부러뜨리려고 한 행동이라고밖에 생각할 수 없지요. 이렇게 저스틴은 앰브로즈의 우승을 방해하기 위하여 일부러 도끼 자루를 부러뜨린 것입니다.

정답

비가 온 후 만나게 되는 동물이 있어요. 지렁이도 그중 하나지요. 지렁이는 땅속 2~15센티미터 정도 깊이에서 살면서 땅을 파고 다닌답니다. 그러면 지렁이가 파 놓은 구멍 속으로 공기와 물이 잘 드나들 수 있어서 미생물은 왕성하게 활동할 수 있지요. 또 지렁이는 썩기 시작한 온갖 것을 먹고 식물에게 좋은 거름이 되는 똥을 눈답니다. 이렇게 지렁이는 땅속에 살며 땅을 기름지게 하지요.

사건의 해결: 도끼를 망가뜨린 진짜 이유 편

　사고로 도끼 자루 위로 자동차를 후진시켰다는 저스틴의 말은 거짓말이었다. 그 말이 사실이라면 자동차 한쪽의 앞바퀴와 뒷바퀴가 도끼 자루를 지났을 것이고 그 바퀴자국들이 남아 있을 것이다. 그러나 자루에는 한 개의 바퀴자국만 있었다!
　그 말은 저스틴이 도끼 자루가 부러질 정도까지만 차를 움직였다는 뜻이다! 그 도끼 자루가 없으면 앰브로즈가 실력 발휘를 하지 못할 것이라고 생각한 저스틴이 자기 엄마의 우승을 위해 저지른 짓이지요! 하지만 이 사실을 안 저스틴의 엄마는 앰브로즈에게 우승을 양보했다.

과학탐정 브라운 8

펴낸날	초판 1쇄	2011년 10월 25일
	초판 4쇄	2018년 6월 14일

솔루션 집필 및 감수　신나는 과학을 만드는 사람들
지은이　도널드 제이 소볼
그린이　박기종
옮긴이　이정아
펴낸이　심만수
펴낸곳　(주)살림출판사
출판등록　1989년 11월 1일 제9-210호

주소　경기도 파주시 광인사길 30
전화　031-955-1350　　팩스　031-624-1356
홈페이지　http://www.sallimbooks.com
이메일　book@sallimbooks.com

ISBN　978-89-522-1601-4　74840
　　　978-89-522-1176-3　74840(세트)

살림어린이는 (주)살림출판사의 어린이 브랜드입니다.

※ 값은 뒤표지에 있습니다.
※ 잘못 만들어진 책은 구입하신 서점에서 바꾸어 드립니다.

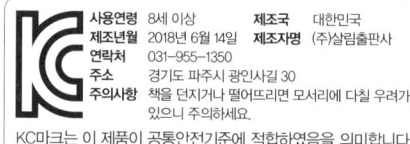